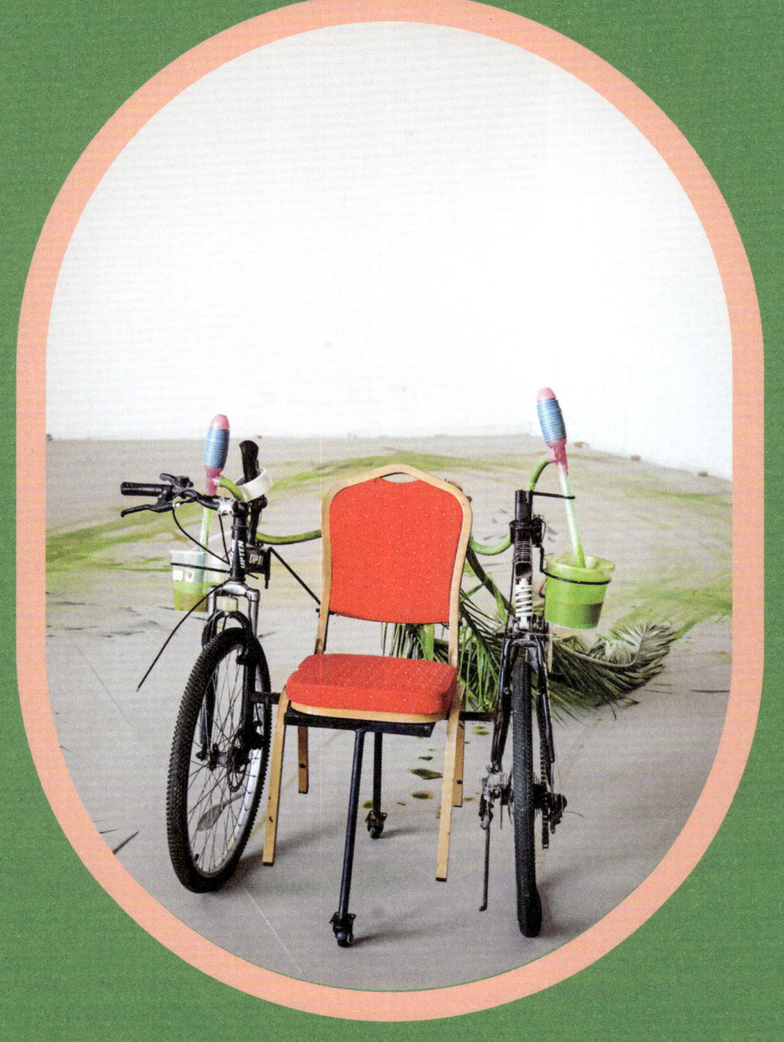

Herausgegeben von / Edited by
Martina Weinhart

Schirn Kunsthalle Frankfurt
Distanz Verlag

Gefördert durch / Supported by

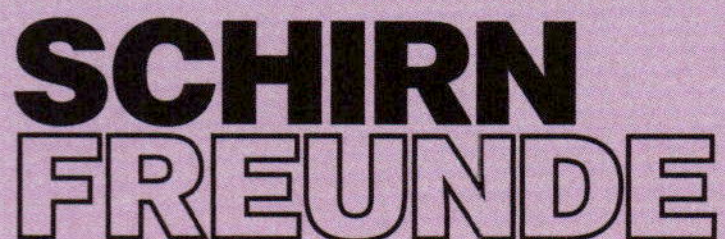

Either he's dead, or my watch has stopped. Groucho Marx (while getting the patient's pulse)

Ramin Haerizadeh
Rokni Haerizadeh
Hesam Rahmanian

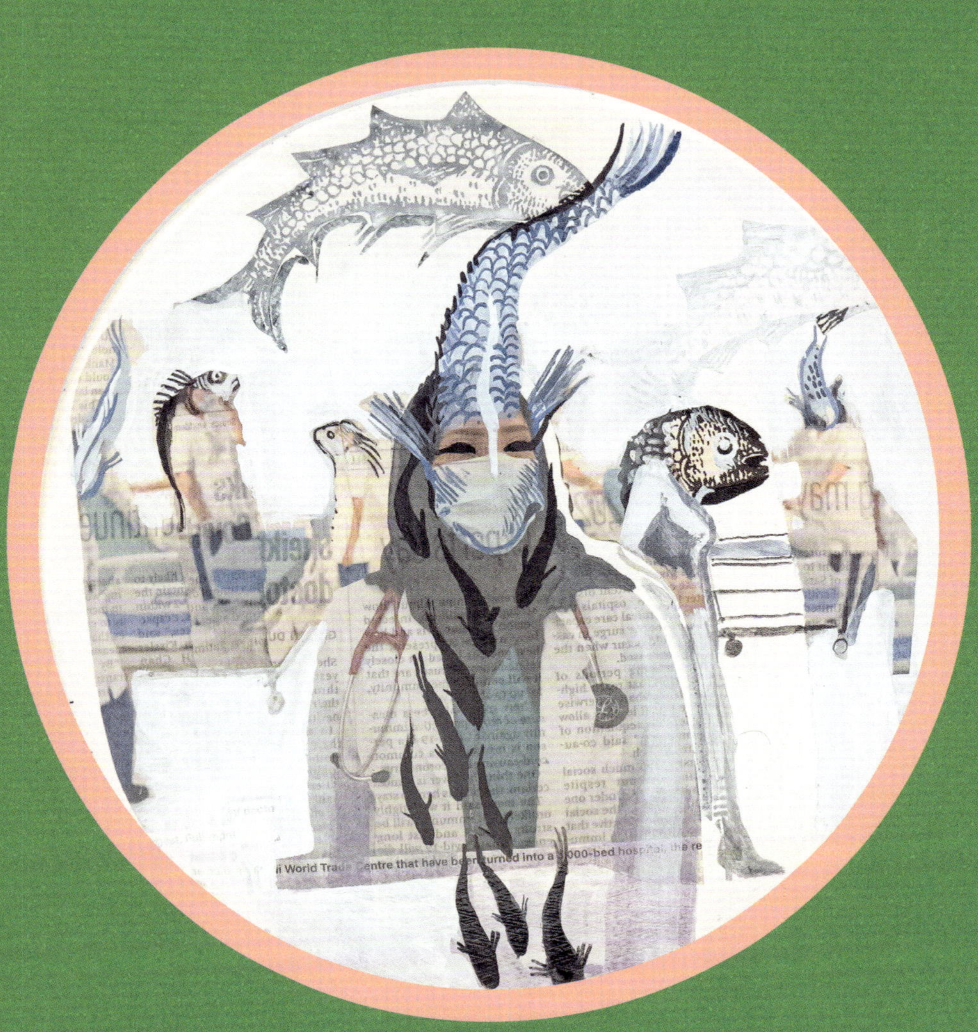
World Trad entre that have be urned into a 000-bed hospital, the re

Inhalt / Contents

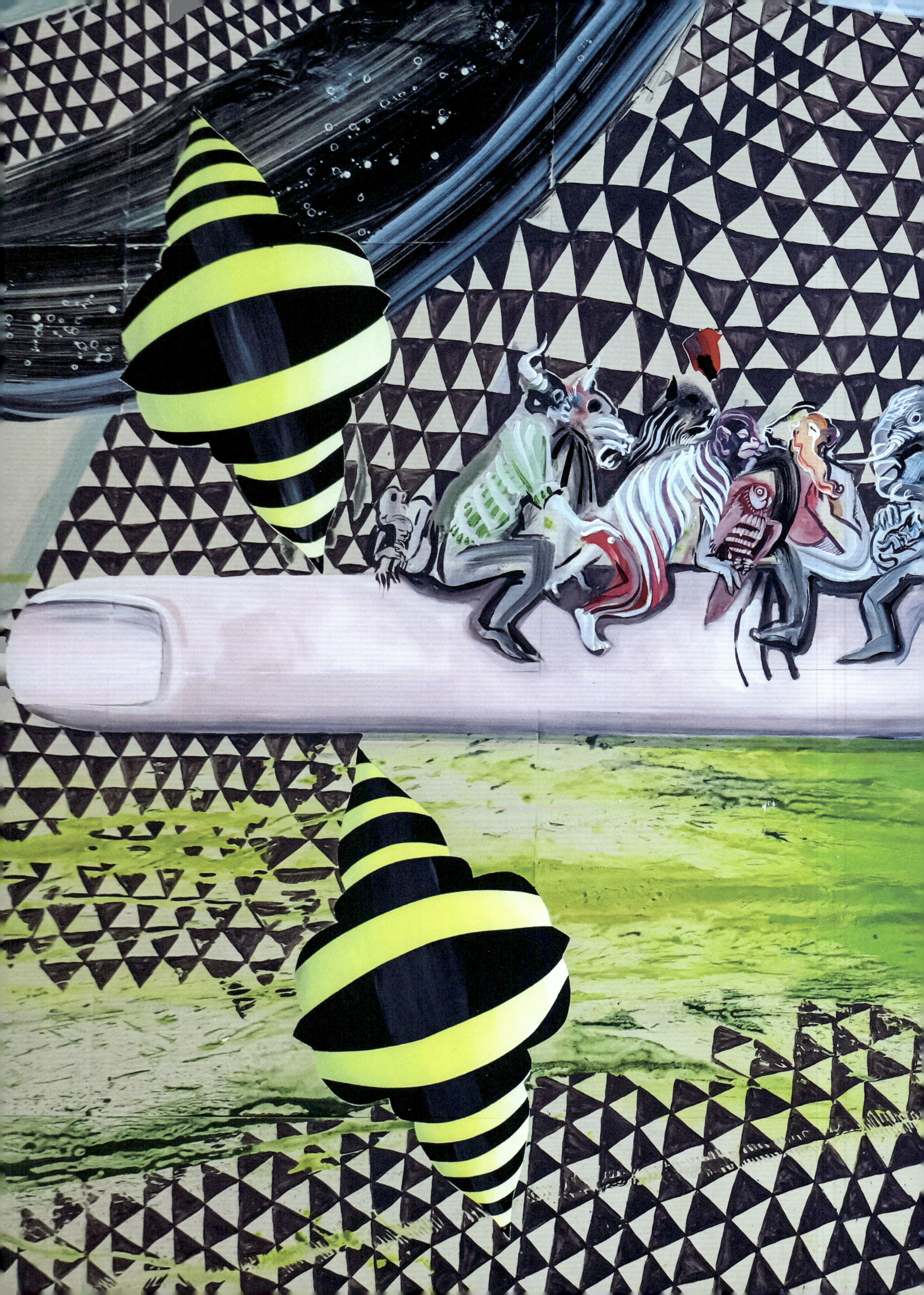

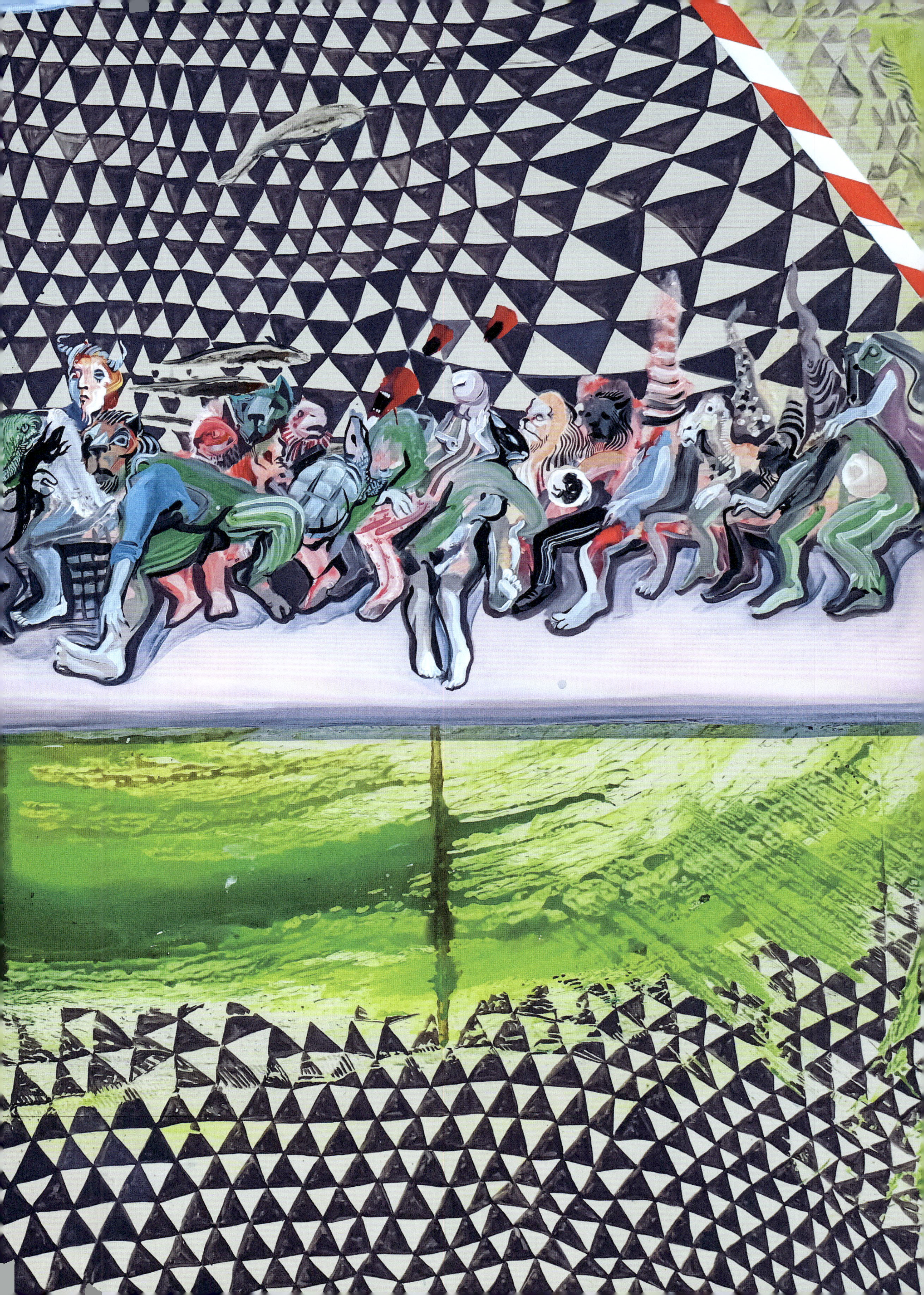

Vorwort

Mit Ramin Haerizadeh, Rokni Haerizadeh und Hesam Rahmanian präsentiert die Schirn Kunsthalle Frankfurt das komplexe Werk dreier iranischer Künstler, die seit 2009 gemeinsam in Dubai arbeiten. Hier leben sie zusammen in einem Haus eine Art Gesamtkunstwerk, das die Trennung zwischen Kunst und Leben kaum vollziehen möchte. Es ist Ausgangspunkt und Basis für Ausstellungen in aller Welt. Immer wieder kooperieren sie dabei mit einem Netz von Freunden, darunter Literatinnen, Musiker oder andere Künstlerinnen und Künstler wie etwa Hoda Tawakol, die für die Schau in der Schirn Stoffarbeiten beigesteuert hat. Es entstehen Skulpturen, Collagen, Zeichnungen, Malereien, Dichtung und Performances – den Medien sind kaum Grenzen gesetzt. Zusammengeführt werden sie in immersiven Environments, die so überbordend sind wie das Wachstum in der Natur und den Betrachterinnen und Betrachtern überraschende Einsichten und Begegnungen ermöglichen. Sie machen von der persischen Moderne bis hin zur westlichen Popkultur einen ungewöhnlichen Reichtum an Referenzen erlebbar, stets verbunden mit der Dringlichkeit sozialer und politischer Fragen unserer Zeit. Ausgehend von ihrer eigenen Geschichte – ihrer Jugend im vom Iran-Irak-Krieg geprägten Teheran, ihrem selbstgewählten Exil in Dubai und einer künstlerischen Arbeit, die Machtmechanismen wie auch normative Geschlechterrollen befragt – entwerfen die drei Künstler heute Environments, die sie als alternative Landschaften verstehen und die sich vor allem mit Migration sowie den Folgen von Kriegen und Konflikten befassen.

Mit *Either he's dead, or my watch has stopped. Groucho Marx (while getting the patient's pulse)* zeigen wir die erste Ausstellung des iranischen Künstlerkollektivs in Deutschland. Die Schirn hat sich stets als internationale Kunstinstitution verstanden und Künstlerinnen und Künstlern von Russland bis Kanada, von Island bis zur Türkei, aus Japan, China, den USA oder Libyen eine Plattform geboten. Der Austausch mit Kunst, mit Kunstschaffenden aus aller Welt bereichert unsere Wahrnehmung. Es sind diese Begegnungen jenseits des Alltäglichen, die unseren Blick ganz wesentlich erweitern. Mehr denn je ist dieser internationale Austausch von zentraler Bedeutung.

Meinen großen Dank möchte ich zunächst den Künstlern Ramin und Rokni Haerizadeh und Hesam Rahmanian aussprechen, die dieses besondere Ausstellungsprojekt von Anfang an mit großem Enthusiasmus und Engagement vorbereitet und realisiert haben. Ihre wunderbare Zusammenarbeit mit dem gesamten Team der Schirn weiß ich sehr zu schätzen – ebenso wie den Beitrag von Hoda Tawakol, die zusammen mit den Künstlern die skulpturalen Werke in der Ausstellung mit ihren Stoffkreationen bereichert hat. Zu danken ist auch Homa Farley, Vivekananthan, Raees Nahim-mulla, Shaik Asgaraliden und den weiteren Kooperationspartnerinnen und -partnern der Künstler im Rahmen dieser Ausstellung.

Für die Idee der Ausstellung und dafür, dass sie diese in der Schirn gemeinsam mit den Künstlern so großartig umgesetzt hat, möchte ich der Kuratorin Martina Weinhart herzlich danken. Zudem gewährt ihr Text in der vorliegenden Publikation wertvolle Einblicke in die künstlerische Praxis des Trios und deren Hintergründe. Rebecca Herlemann hat als kuratorische Assistentin äußerst engagiert bei der Realisierung von Ausstellung und Katalog mitgewirkt und darüber hinaus die Künstlerbiografien für diesen Katalog verfasst, auch ihr gilt mein

Dank. Ich danke der Gallery Isabelle van den Eynde, die uns von Dubai aus bei der Organisation der Ausstellung mit Rat und Tat unterstützt hat, insbesondere Isabelle van den Eynde und Romelle Luna; ebenso möchte ich Manfred Wiplinger von der Galerie Krinzinger in Wien meinen Dank für die Zusammenarbeit aussprechen.

Für ihr versiertes Lektorat möchte ich Uta Hasekamp und Tas Skorupa danken, Ursula Fethke und Amy Klement für die sensible Übersetzung der Texte. Die außergewöhnliche und besonders kreative Gestaltung des Katalogs ist Felix Kosok zu verdanken. Dem Distanz Verlag gilt mein Dank für die gute Zusammenarbeit bei der Produktion des Ausstellungskatalogs. Darüber hinaus danke ich Felix Kosok und Anna Ranches für das stimmige Ausstellungsdesign.

Ohne die kontinuierliche Unterstützung unserer Förderinnen und Förderer wäre auch dieses Projekt nicht zustande gekommen: So danke ich besonders den mehr als 2200 Schirn Freunden, mit deren großzügiger Unterstützung diese eindrucksvolle Ausstellung erst ermöglicht wurde. Stellvertretend gilt hier mein großer Dank Christian Strenger als Vorsitzendem der Schirn Freunde wie auch deren gesamtem Vorstand und der Geschäftsführerin Tamara von Clary. Darüber hinaus danke ich der Stadt Frankfurt, dabei stellvertretend für alle Entscheidungsträger dem Oberbürgermeister Peter Feldmann und der Kulturdezernentin Ina Hartwig, für die stete Unterstützung der Schirn.

Abschließend gilt allen Kolleginnen und Kollegen der Schirn mein Dank für ihren unermüdlichen Einsatz bei der Realisierung der Ausstellung und des vorliegenden Katalogs: Sehr herzlich danke ich Esther Schlicht als stellvertretender Direktorin und Ausstellungsleiterin, wie auch Karin Grüning, Elke Walter und Luise Leyer für die Koordination des Transports der Werke sowie den Auf- und Abbau der Ausstellung. Anna Noll möchte ich als Assistentin der Ausstellungsleitung danken, Christian Teltz und Oliver Taschke für die technische Betreuung; auch danke ich Andreas Gundermann und dem Hängeteam sowie der Restauratorin Susanne Silbernagel. Das kreative Marketing und die Gestaltung der Werbekampagne ist Luise Bachmann, Heike Stumpf, Isabel Reiche und Elena Schmidt zu verdanken. Johanna Pulz, Julia Bastian, Elisabeth Pallentin und Isabelle Hammer danke ich für die Pressearbeit. Für die Koordination und Betreuung der vorliegenden Publikation sowie für die Redaktion des Schirn Magazins gilt mein Dank Antonia Lagemann mit Anuschka Berthelius. Chantal Eschenfelder mit Simone Boscheinen, Laura Heeg, Olga Schaetz und Anna Haag möchte ich für das begleitende Vermittlungsprogramm danken, außerdem Ute Seiffert und Lena Sobczinski für die Entwicklung und Koordination der Veranstaltungen in der Schirn. Ebenso danke ich Julia Lange und Hannah Ruiz für das Sponsoring und die Betreuung der Partner und Förderer; Heike Berndt, Tanja Mayer und Boris Deckelmann in der Verwaltung der Schirn sowie Andrea Canthal für die Assistenz in zahlreichen Belangen. Nicht zuletzt gilt mein Dank dem Boten Stefan Schell, Rosaria La Tona und dem Team der Gebäudereinigung, Bettina Beyermann, Vilizara Antalavicheva und Josef Härig am Empfang sowie allen weiteren Mitarbeiterinnen und Mitarbeitern der Schirn, die an der Umsetzung dieses außergewöhnlichen Ausstellungsprojekts beteiligt waren.

Philipp Demandt
Direktor
Schirn
Kunsthalle
Frankfurt

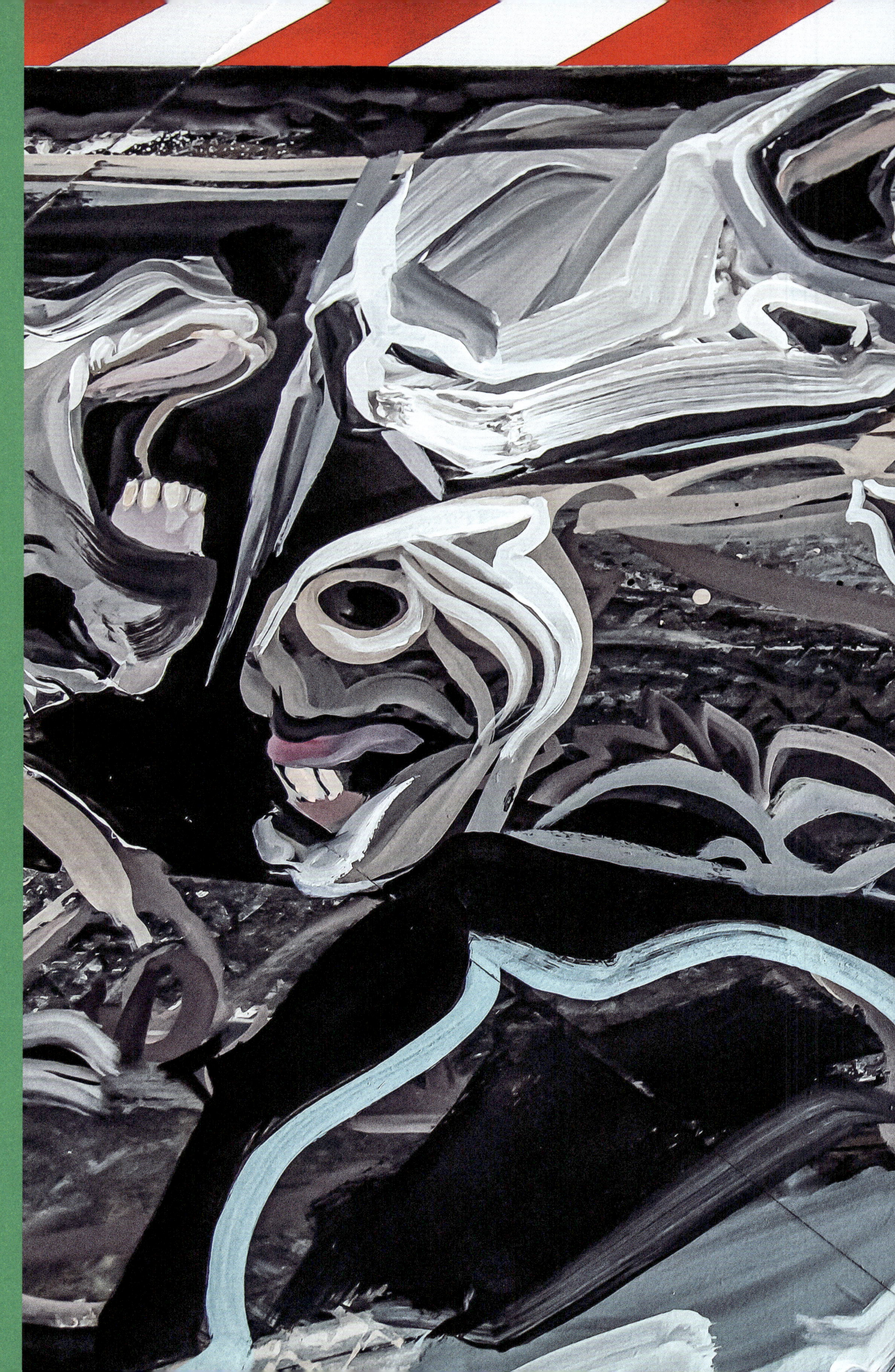

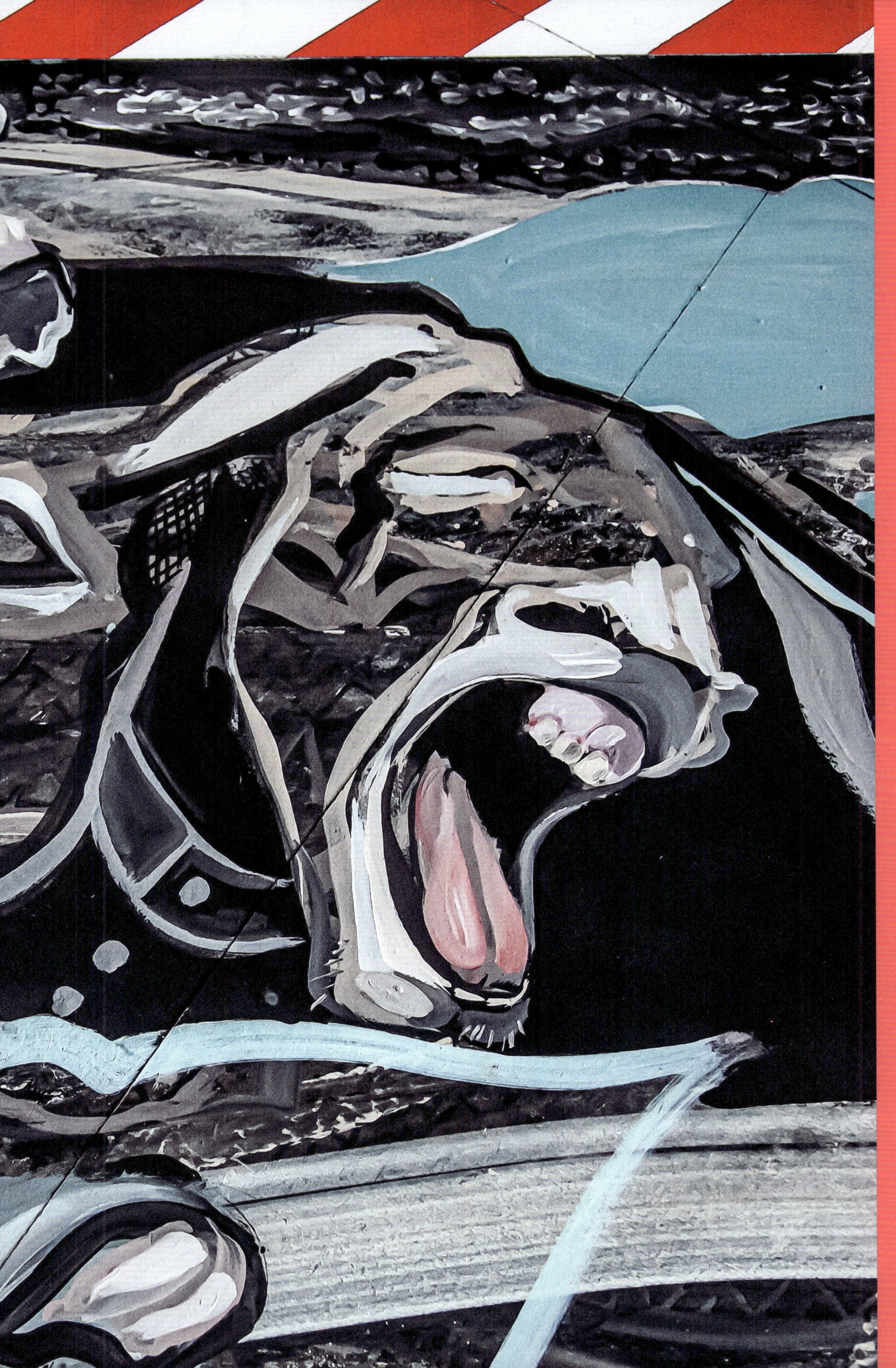

Foreword

With Ramin Haerizadeh, Rokni Haerizadeh, and Hesam Rahmanian, the Schirn Kunsthalle Frankfurt is presenting the complex oeuvre of three Iranian artists who have been working together in Dubai since 2009. In one house there, they live together in a *Gesamtkunstwerk*, a total work of art, that strives to barely separate art and life and forms the starting point and basis for exhibitions around the world. As part of this, they cooperate again and again with a network of friends, including writers, musicians, and other artists such as Hoda Tawakol, who has contributed textile works for the show at the Schirn. They create sculptures, collages, drawings, paintings, poetry, and performances—with hardly any boundaries placed on the media used. When brought together, they become immersive environments that are as exuberant as growth in nature and facilitate surprising insight and encounters for viewers. They make it possible to experience an unusual wealth of references, from Persian modernism to Western pop culture, always connected with the urgency of the social and political questions of our time. Starting from their own history—their youth in Tehran shaped by the Iran-Iraq War, their self-imposed exile in Dubai, and an artistic oeuvre that challenges mechanisms of power and normative gender roles, the three artists today design environments that they understand as alternative landscapes, and that deal in particular with migration and the consequences of wars and conflicts.

With *Either he's dead, or my watch has stopped: Groucho Marx (while getting the patient's pulse)*, we are presenting the first exhibition by the Iranian artist collective in Germany. The Schirn has always regarded itself as an international art institution and provided a platform for artists from Russia to Canada, from Iceland to Turkey, and from Japan, China, and the United States to Libya. The exchange with art and artists from all over the world enriches our perception. It is such encounters outside of the everyday that fundamentally broaden our perspective. More than ever, this international exchange is of central importance.

My great gratitude goes first and foremost to the artists Ramin Haerizadeh, Rokni Haerizadeh, and Hesam Rahmanian, who prepared and perfected this special exhibition project with great enthusiasm and commitment from the very beginning. I very much appreciate their wonderful collaboration with the entire team of the Schirn—just as I do the contribution by Hoda Tawakol, who, in cooperation with the artists, has enriched the sculptural works in the exhibition with her textile creations. We would also like to thank Homa Farley, Vivekananthan, Raees Nahim-mulla, Shaikh Asgarali, and all of the other partners who collaborated with the artists within the scope of this exhibition.

For the idea to put on this exhibition and for so wonderfully bringing it to fruition at the Schirn in cooperation with the artists, I would like to give my heartfelt thanks to the curator, Martina Weinhart. Her text in this publication provides valuable insight into the trio's artistic practice and its backgrounds. My thanks also go to Rebecca Herlemann, the curatorial assistant, who was instrumental in mounting the exhibition and completing the catalogue with great dedication and also wrote the artists' biographies for this catalogue. I would also like to express my gratitude to Gallery Isabelle van den Eynde, which supported us in organizing the exhibition with advice and support from Dubai, and, in particular, to Isabelle van den Eynde and Romelle Luna; my gratitude is also due to Manfred Wiplinger of Galerie Krinzinger in Vienna for his collaboration.

My thanks go to Uta Hasekamp and Tas Skorupa for their skilled copyediting, and to Ursula Fethke and Amy Klement for their sensitive translations of the texts. I would like to express my gratitude to Felix Kosok for the unusual and particularly creative catalogue design. In collaboration with Anna Ranches he was also responsible for the harmonious exhibition design. I am also grateful to Distanz for the good collaboration in producing this catalogue.

This project would not have been possible without the ongoing support of our sponsors: I would particularly like to thank the more than 2,200 friends of the Schirn whose generous support first made this impressive exhibition possible. Representatively, I express my gratitude to Christian Strenger as chairman of the Friends of the Schirn as well as to its entire executive board and its managing director, Tamara von Clary. Furthermore, I thank the City of Frankfurt and, on behalf of all the decision makers, Mayor Peter Feldmann and Ina Hartwig, the Deputy Mayor of Cultural Affairs, for their ongoing support for the Schirn.

Finally, my thanks go to the entire team at the Schirn for their tireless dedication to the exhibition and this catalogue: I express my heartfelt thanks to Esther Schlicht as deputy director and head of exhibitions, as well as to Karin Grüning, Elke Walter, and Luise Leyer for coordinating the transport of the works and the installation and de-installation of the exhibition. I would like to express my gratitude as well to Anna Noll as assistant to the exhibition management and to Christian Teltz and Oliver Taschke for the technical support; my thanks also go to Andreas Gundermann and the hanging team, and to the restorer Susanne Silbernagel. For the creative marketing and design of the advertising campaign, gratitude is due to Luise Bachmann, Heike Stumpf, Isabel Reiche, and Elena Schmidt. I thank Johanna Pulz, Julia Bastian, Elisabeth Pallentin, and Isabelle Hammer for the press work. For coordinating and supervising this publication and for editing the Schirn Magazin, my gratitude goes to Antonia Lagemann along with Anuschka Berthelius. I express my thanks to Chantal Eschenfelder and Simone Boscheinen, Laura Heeg, Olga Schaetz, and Anna Haag for the accompanying education program, and to Ute Seiffert and Lena Sobczinski for their development and coordination of events at the Schirn. My thanks also go to Julia Lange and Hannah Ruiz for the sponsoring and support for sponsors; Heike Berndt, Tanja Mayer, and Boris Deckelmann in the administration and Andrea Canthal for her assistance in numerous areas. Finally I would like to express my gratitude to the messenger Stefan Schell, to Rosaria La Tona and the cleaning team, to Bettina Beyermann, Vilizara Antalavicheva, and Josef Härig at reception, and also to all the other employees of the Schirn who were involved in making this unusual exhibition project possible.

Philipp Demandt
Director
Schirn
Kunsthalle
Frankfurt

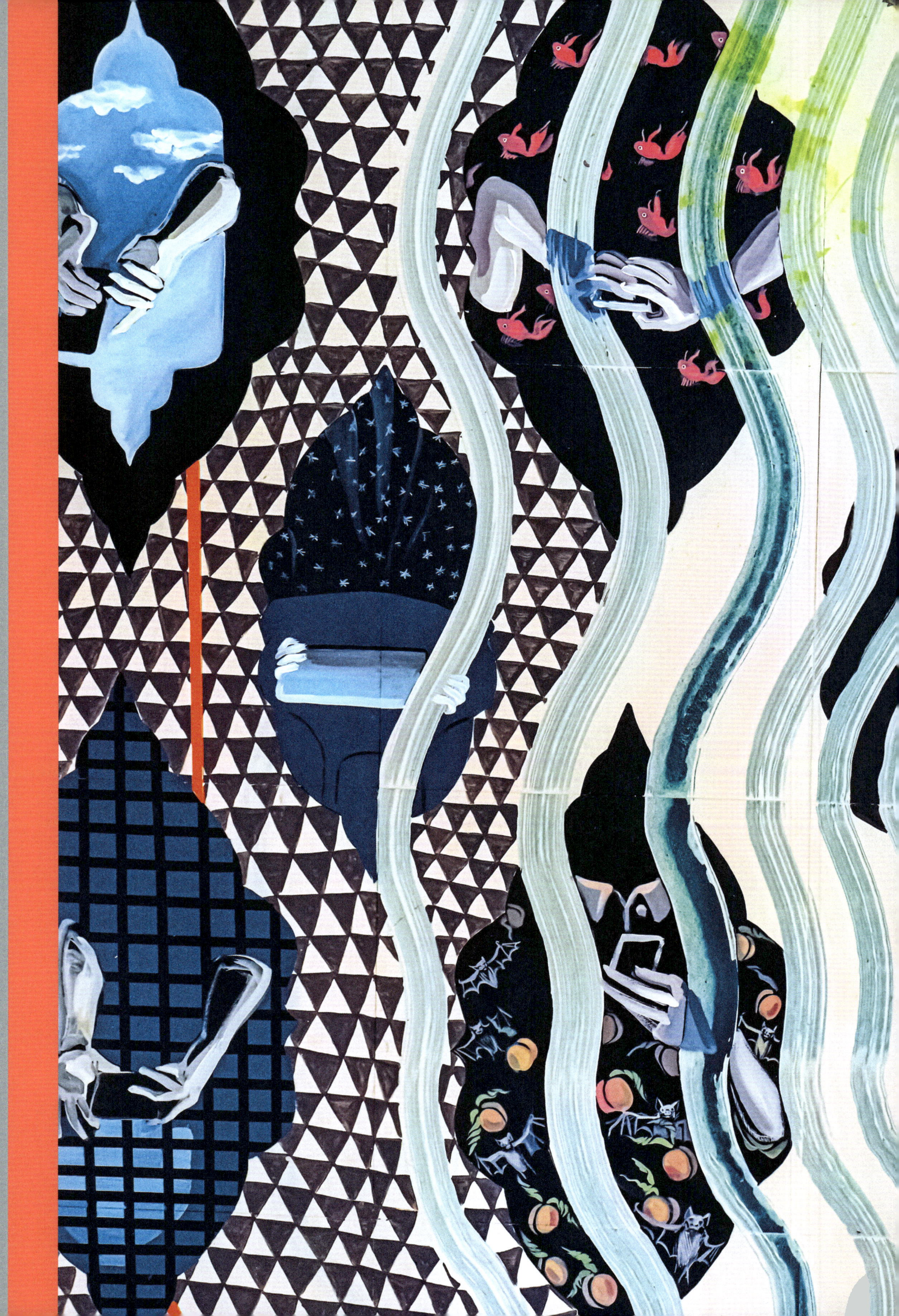

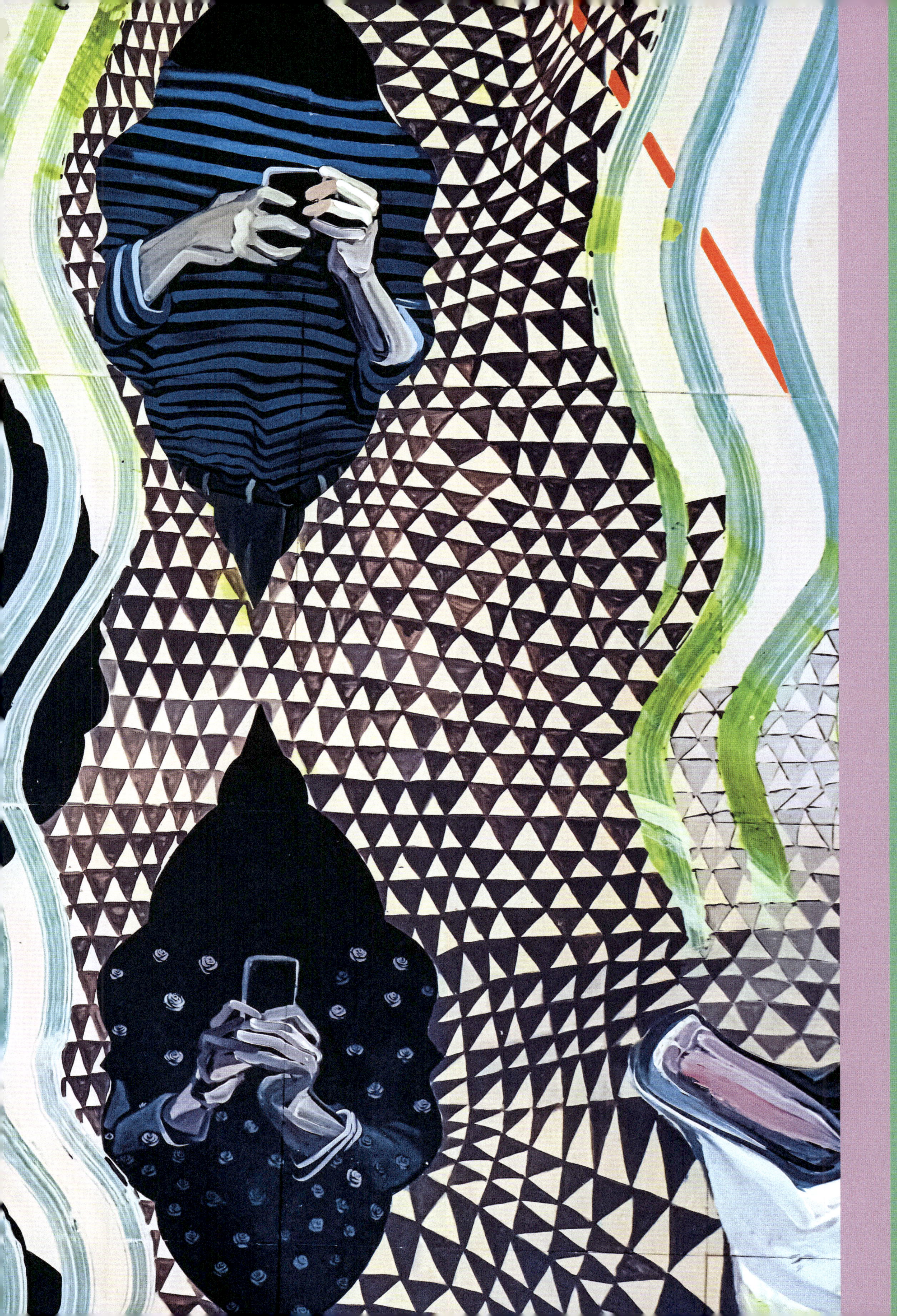

Ramin Haerizadeh, Rokni Haerizadeh, Hesam Rahmanian: Eine Kreatur mit sechs Augen

Martina Weinhart

Seit 2009 lebt und arbeitet das iranische Künstlertrio als Kollektiv im Exil in Dubai. Alle verbindet eine gemeinsame Jugend in Teheran. »Nach einer gewissen Zeit wird man zu einer Kreatur mit sechs Augen«, hat Rokni Haerizadeh einmal die Zusammenarbeit mit Ramin Haerizadeh und Hesam Rahmanian, dem Dritten im Bunde, beschrieben.[1] Tatsächlich hat ihre Kooperation etwas sehr Organisches, Lebendiges. Sie sind eher eine Gruppe von Gleichgesinnten als ein dogmatisches, festgeschriebenes Ensemble, was man allein schon daran erkennt, dass die Künstler darauf verzichtet haben, sich als Kollektiv einen Namen zu geben – nach wie vor arbeiten sie einzeln und eben in dieser Dreierkonstellation. Immer wieder kommen in wechselnden Projekten aber auch weitere Personen hinzu, die ihre Arbeit bereichern. So haben sie für die Ausstellung in der Schirn Kunsthalle Frankfurt die ägyptische Künstlerin Hoda Tawakol eingeladen, Textilskulpturen beizusteuern (Abb. 23, 24). In Florida improvisierte der Künstler und Musiker Lonnie Holley 2014 für ihre Performance *We Are the Eighth of a Kind* (S. 48) auf dem Klavier, was schließlich in eine gemeinsame Videoarbeit überführt wurde. Für andere Projekte arbeiteten sie mit Nazli Ghassemi und Christopher Lord, Minnie McIntire und Mandana Mohit an der absichtlich nicht getreuen Übersetzung eines Gedichtes des bedeutenden persischen Dichters Nima Youschidsch, das auf diese Weise – in einem Verfahren, das die Künstler »Unfaithful Poetry« nennen – nicht mehr im Jahr 1941, sondern in der Gegenwart angesiedelt ist. Allein diese kurze Aufzählung zeigt den Reichtum und die Freiheit, die ihre Projekte verbinden, denen bislang auch international kaum Grenzen gesetzt wurden. Eine Neugier auf andere und das Andere durchzieht ihr ganzes Schaffen.

Überhaupt ist das großzügige und buchstäblich allumfassende Werk der drei eine überbordende Mischung aus Performance, Malerei, Collage, Zeichnung, Videos und Texten, die wie hier in der Schirn Eingang in eine immersive und ortsgebundene Installation finden – in ein gigantisches *work in progress*, als das auch ihr gesamtes Werk bezeichnet werden kann. Hier trifft Gefundenes auf Erfundenes, Altes auf Neues, Westliches auf Orientalisches. Persische Wurzeln und westliche Popkultur können sich ebenso begegnen wie Hochkultur und Camp, absolut Banales und ernste politische und gesellschaftliche Anliegen, Genderbending, Migrationsströme oder Fragen der Identität in einer Welt in Bewegung. Eine generelle Offenheit verbindet sich mit dem Spiel und der Groteske, wobei die Künstler ihre Praxis mit dem chaotischen Wachstum der Natur vergleichen: »Wir fangen etwas an, das dann vielleicht von etwas anderem unterbrochen oder in seiner Wuchsrichtung verändert wird. Es wird also in eine neue Richtung wachsen oder sterben (fehlschlagen), verpuffen, sich auflösen, woraus sich andere Möglichkeiten ergeben könnten.«[2] Hinter diesem Vorgehen steht ein nicht-lineares Denken, Querdenken, um konventionelle Muster zu durchbrechen und in Frage zu stellen. Doch nicht zuletzt liegt das Besondere der Arbeit des Trios darin, dass sie

1
Zit. nach: Cate McQuaid, »Iranian Trio courts chaos in first US museum solo show at ICA«, in: *Boston Globe*, 20. Dezember 2015.

2
Die Künstler im Austausch mit der Autorin, April 2020.

trotz der ernsten Themen, die häufig um die Krisen des Nahen Ostens, Exil und Migration kreisen, an einer melancholischen Poesie festhält. Hinter der zunächst freundlich anmutenden Oberfläche verbirgt sich zudem eine wuchtige, in ihrer Entschiedenheit dann doch eher zornige Sprache, und nicht selten vermitteln die drei ihre Anliegen mit einem beißenden Humor. Die düsteren Szenarien verwandeln sich in satirische Szenen oder karikaturhafte Grotesken – die das Abstruse der globalisierten Welt spiegeln.

Das Herzstück der Ausstellung in der Schirn ist eine gewaltige Bodenarbeit *O You People!* (Abb. S. 6/7 und weitere) als Basis ihres Environments, das die Künstler als alternative Landschaft verstehen. Monumentale Gemälde dieser Dimension kennt man von den mexikanischen Muralisten oder aus der Street Art, und ihre Funktion ist es häufig, politische Anliegen zu formulieren und plakativ zu kommunizieren. Am Boden findet man solche Malereien aber eher selten. Hier bietet das exorbitante Werk die Bühne für ein subversives Theater, dessen Abbild es gleichzeitig ist. Das riesige Gemälde auf einfachen Holzplatten ist wie alle vorherigen bemalten Böden der Künstler das Produkt einer beinahe rituellen Performance. Hier verwandeln sich Hesam und Ramin in ein Wesen, das sie Dastgah nennen, dessen spezifisches Sensorium Ideen, Realitäten und

Fantasien ins Bild überträgt. Der persische Begriff *dastgāh*[3] bezeichnet die Gesamtheit aller Werkzeuge, die man für einen bestimmten Zweck oder Prozess benötigt, in der traditionellen persischen Musik aber auch eine melodische Matrix für Improvisationen. Bei Ramin und Hesam werden Rettungswesten, Malmaschinen, ein übergroßes Ohr zu Prothesen, zu Erweiterungen ihrer Körper. Der Künstler selbst wird zu einer Figur der Übertragung, fast könnte man ihn ein Medium nennen. Die Maschine und er werden eins – Dastgah. Das Dastgah hat ein großes Ohr für die Geräusche, Ströme und Einflüsterungen der Zeit. Es hat ein Kleid an, um die männliche Perspektive durch eine weibliche zu erweitern. Es trägt eine Rettungsweste, wie man sie von Migranten kennt, die über das Mittelmeer fliehen. Auf diese Weise in eine Art Transmitter verwandelt, entstehen in einem immer gleichen Ritual die Grundstrukturen für das Gemälde, das im Anschluss auf eher herkömmliche Weise mit unzähligen Detailerzählungen ergänzt und erweitert wird. Beileibe nicht zu vergessen ist dabei eine burleske Lust an der Verkleidung, die keine kleine Rolle spielt.

Diese Dastgah sind zerbrechliche Wesen in einer wenig freundlichen Welt, gegen die sie herzergreifend anspielen und sich wappnen müssen. Hesam verschmilzt mit einer Malmaschine zu einem Dastgah namens Lullabee (Abb. 1). Es trägt eine Rettungsweste als Windel und hat eine zweite Weste über den Kopf gezogen; ausgerüstet ist es zudem mit einem riesigen Ohr (einer Vergrößerung aus einem Anatomiebuch; Abb. 2), einem Gummistiefel an einem Fuß, am anderen eine notdürftig aus Plastikabfällen zusammengebastelte Sandale. »Alle Dastgah operieren im Raum, und kontaminieren ihn, als eine objektive Form. Anschließend werden wir, wenn wir als wir

3
Im Unterschied zu anderen Sprachen wie etwa Französisch, Deutsch oder Arabisch haben Substantive im Persischen kein grammatisches Geschlecht. Diese linguistische Neutralität ermöglicht der persischen Leserin/dem persischen Leser, eigene Assoziationen zu bilden, die das grammatische und auch soziale Geschlecht betreffen. Im vorliegenden deutschen Text wird der Einfachheit halber die Singularform »das Dastgah« und der Plural »die Dastgah« verwendet.

1

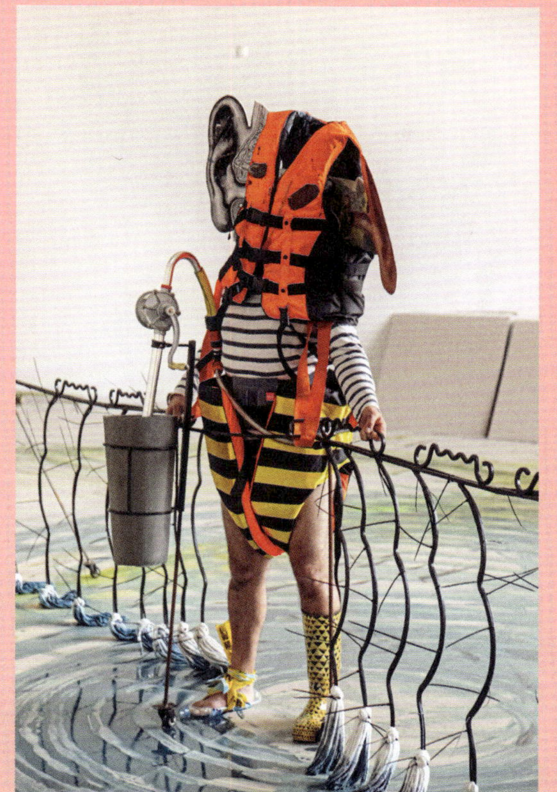

2

1, 2
Dastgah Lullabee
/
The *dastgāh* Lullabee
3
Aschura-Prozession in Teheran, 16. Dezember 2010
/
Ashura procession in Tehran, December 16, 2010
4
Weibchen des Tiefsee-Anglerfischs
/
Female deep-sea anglerfish
5
Dastgah Out of the Boat [OB]
/
The *dastgāh* Out of the Boat [OB]

3

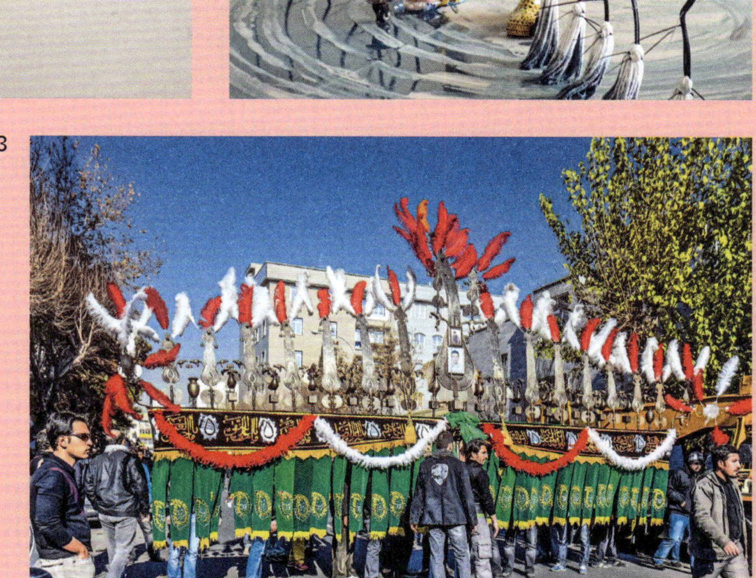

4

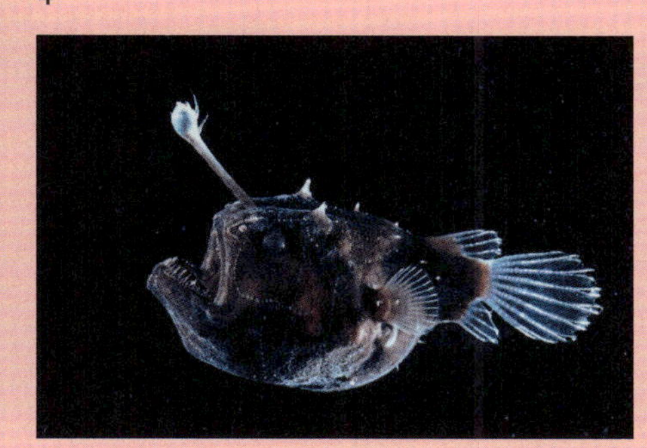

5

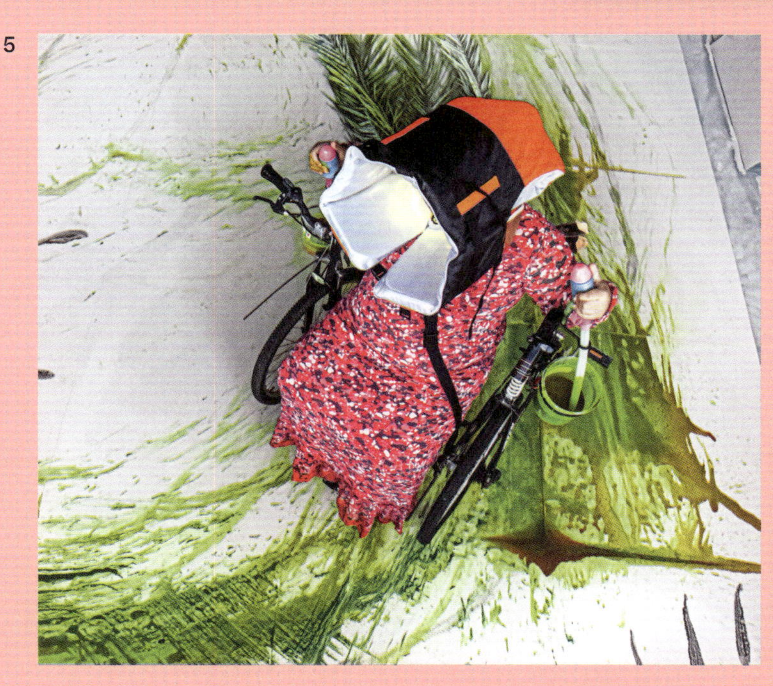

6

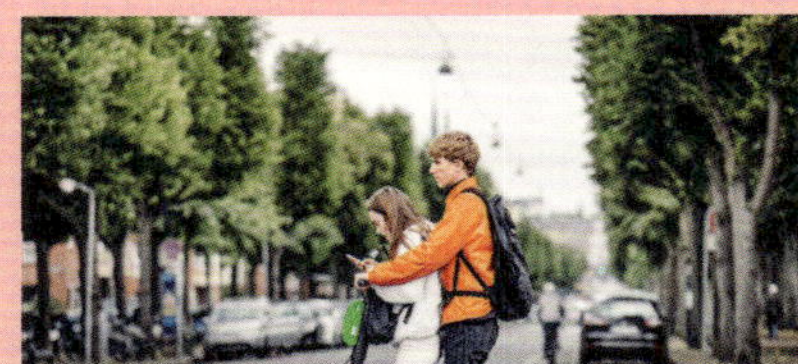

7

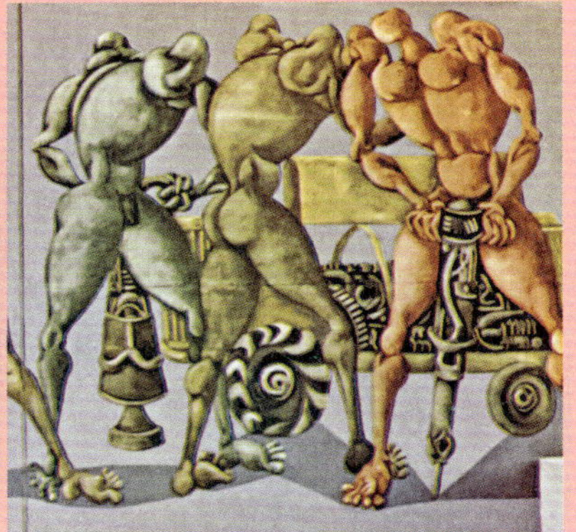

9

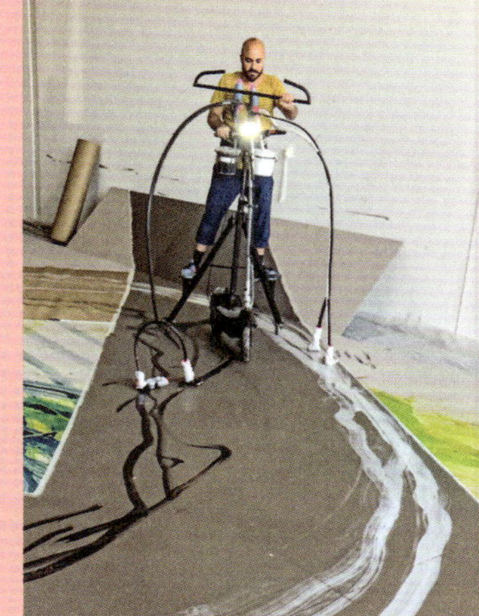

8

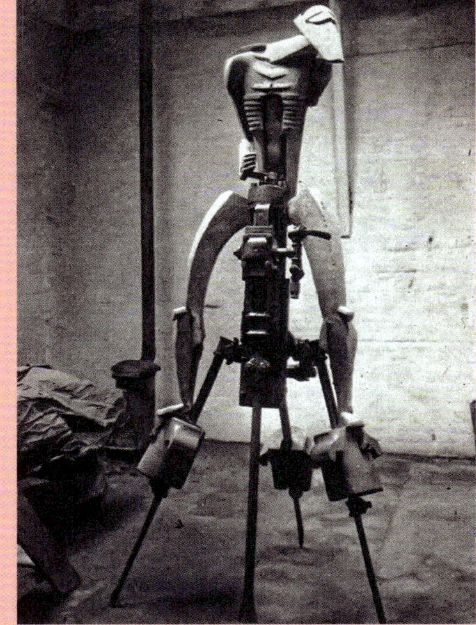

10

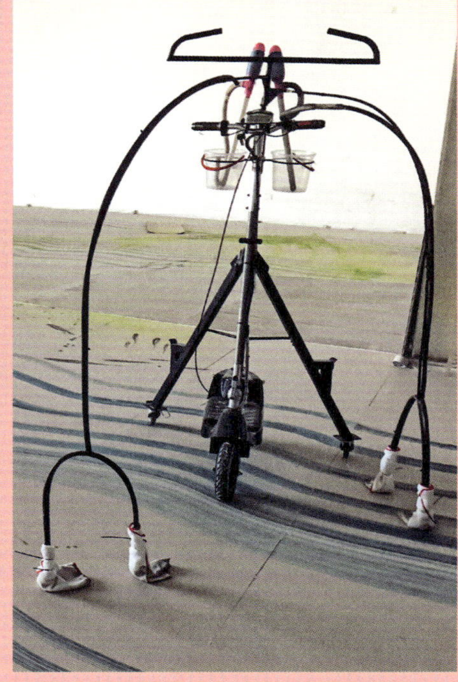

11

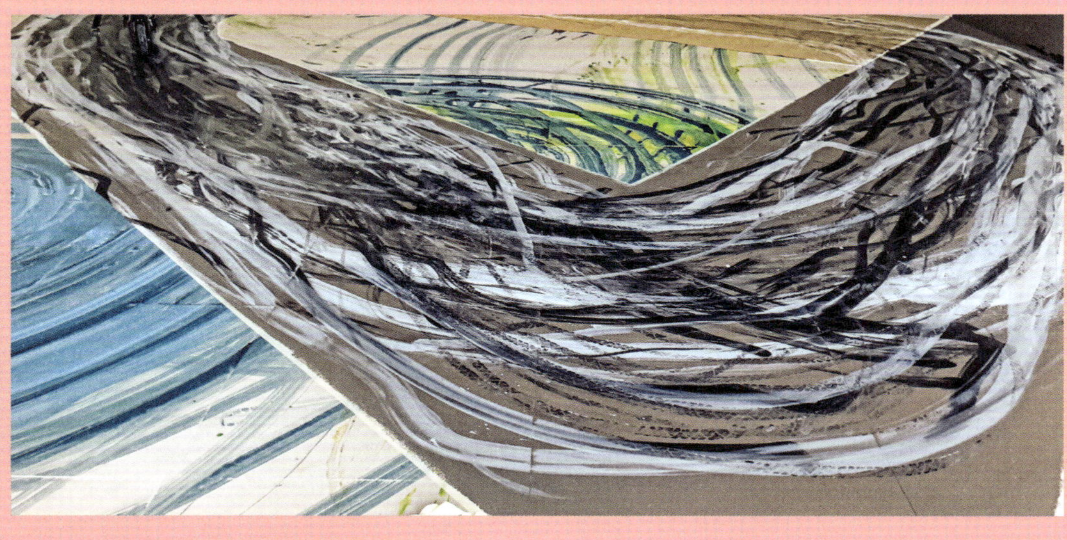

6
E-Scooter in Kopenhagen
/
E-scooter in Copenhagen
7
Bahman Mohassess, *Robots et Mécanos* (Roboter und Mechaniker), 1968, Wandmalerei, Landwirtschaftliche Fakultät der Universität Schiraz (Detail)
/
Bahman Mohassess, *Robots et Mécanos* (Robots and Mechanics), 1968, mural for the department of agriculture, University of Shiraz (detail)
8
Jacob Epstein, *The Rock Drill*, 1913
9, 10
Dastgah Tourist Meccano
/
The *dastgāh* Tourist Meccano
11
O You People!, 2020 (Detail des unvollendeten Werks / detail, work in progress)

selbst arbeiten, zu uns selbst (subjektiv)«[4], beschreiben die Künstler diesen Prozess der Verwandlung. Dieses Konzept stellt auf spielerische Weise die exklusive Subjektivität der Malerfürsten der Moderne in Frage, die die Bilder allein aus ihrem genialischen Ich entwickelten, gegen das schon Roland Barthes und Michel Foucault mit ihren Forderungen nach dem »Tod des Autors« Sturm liefen. Mit jeder Ausstellung, jedem Ort, an dem die Dastgah aktiv werden, lernen sie dazu und werden mit neuem Wissen über die jeweiligen geopolitischen Regionen aufgeladen und erweitert. Entwickelt wurde Lullabee ebenso wie die Gestalt, die Ramin zu dem Dastgah Out of the Boat [OB] macht (Abb. 5), für das Projekt *From Sea to Dawn* (S. 46, 47), das sich mit der Migration über das Mittelmeer befasste. Alle genannten Gegenstände spiegeln das wider.

Hesam – als Dastgah Lullabee – befördert eine monumentale Malmaschine, mit der vereint er kreiselnd große Strudel auf den Boden überträgt. Out of the Boat [OB] dagegen fährt im hübsch gemusterten Hauskleid, in einem Gefährt, das wie ein Rollstuhl aussieht, über den Boden. Tatsächlich ist es ein in der Mitte auseinandergenommenes Fahrrad, eine Eigenbaukonstruktion (S. 1), deren deformiertes Aussehen an Gegenstände erinnern soll, die in den Kriegen und Konflikten der Welt beschädigt werden. Out of the Boat [OB] hat seine Rettungsweste so über den Kopf gezogen, dass sie wie ein großer Scheinwerfer den Weg vor ihm beleuchtet. Hier wurden die Künstler nach eigener Aussage von den wunderlich geformten Fischen der Tiefsee inspiriert, die ein Licht wie eine Grubenlampe tragen, mit dem sie ihren Weg durch die Dunkelheit finden (Abb. 4). Ähnlich bahnt sich auch Out of the Boat [OB] seinen Weg und verteilt mit Pumpen an den Seiten seines Gefährts und hinten befestigten Palmwedeln grüne Farbe wie mit gigantischen Pinseln über die Fläche.

Ein drittes Dastgah ist Tourist Meccano (Abb. 9, 10) Seine Konstruktion bestimmen Werkzeuge und Maschinen für den Straßenbau oder das Ausheben von Erde. Ihnen entsprechend wurde Tourist Meccano dafür gemacht, Farbe wie einen Feldweg auf die künstlerische Landschaft zu schmieren. Doch verdankt er sein Aussehen eher radikalen maschinenaffinen Kunstwerken der Moderne wie der Skulptur *The Rock Drill* (1913) von Jacop Epstein (Abb. 8) und *Robots et Mécanos* (1968) des iranischen Malers Bahman Mohassess (Abb. 7). Und nicht zuletzt wurde seine Gestalt, wie die Künstler versichern, von den E-Scootern inspiriert, mit denen Touristen sehenswürdige Städte erkunden (Abb.6).[5]

In diesem komplexen Prozess entsteht eine Landschaft. Riesige Wasserstrudel sind von Teppichflächen umgeben, deren schwarz-weiße Ornamentik an das Overall orientalischer Muster erinnert. Die Ästhetik der ornamentalen Ordnung ist ein Spiel mit dem *horror vacui* traditioneller Gestaltungsprinzipien, altpersischen Miniaturen nicht unähnlich, wo man selten auf leere Flächen trifft und sich gegenständliche Darstel-

4
Die Künstler in einer E-Mail an die Autorin.

5
Die Künstler im Austausch mit der Autorin, April 2020.

12

13

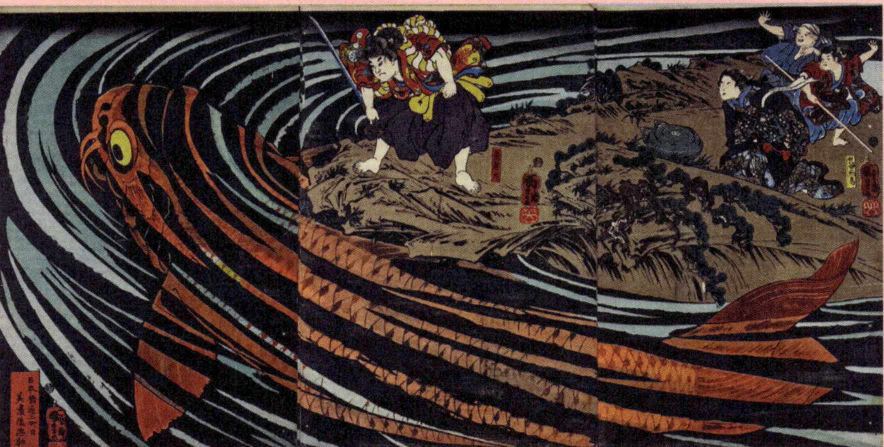

14

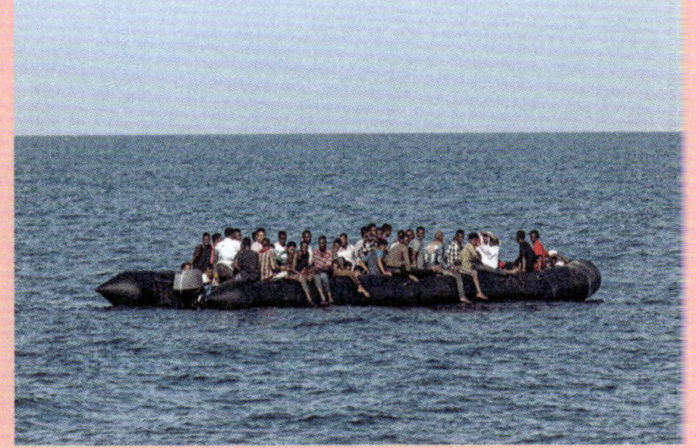

15

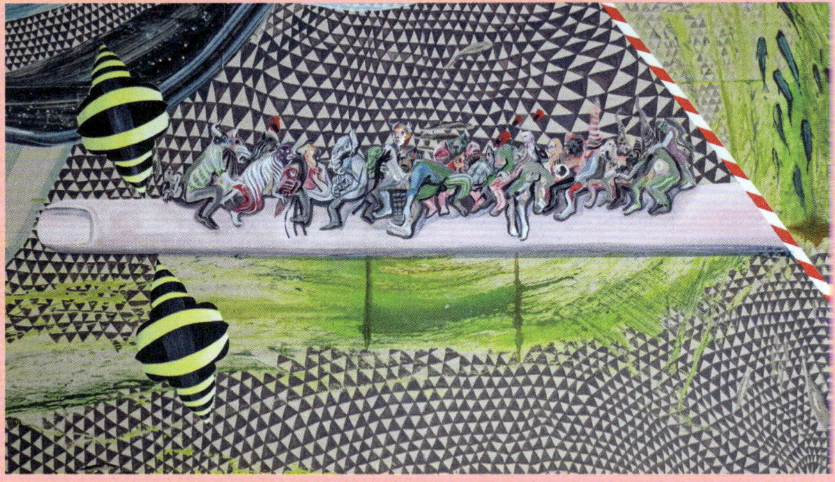

12
O You People!, 2020
(Detail / detail)

13
Utagawa Kuniyoshi,
Oniwakamaru und der große Karpfen, um 1845, Holzschnitt/
Oniwakamaru and the Giant Carp, ca. 1845, woodblock print, Museum of Fine Arts, Boston

14
Migranten im Mittelmeer vor ihrer Rettung durch die italienische Küstenwache, August 2017 / AFP PHOTO
/
Migrants waiting to be rescued by the Italian coast guard in the Mediterranean, August 2017 / AFP PHOTO

15
O You People!, 2020
(Detail / detail)

lungen mit abstrakten Mustern abwechseln. Hier sehen wir eine strukturelle Auseinandersetzung mit den kulturellen Wurzeln, finden in der Bodenarbeit eine ins Monumentale gesteigerte und ins 21. Jahrhundert transformierte persische Miniatur. Gleichzeitig aber explodiert diese strenge Ordnung der Dinge und wird durchbrochen durch die Dynamik der Abbilder unserer Zeit. Es entwickelt sich ein Mahlstrom aus Erzählungen, ein kaum zu ordnender Overload an Referenzen.

Dass sich die Malerei von Rokni und Ramin Haerizadeh und Hesam Rahmanian nicht mit dem Ornamentalen, Dekorativen aufhält, springt sofort ins Auge. In den Strudeln, Wirbeln und Flüssen werden Fische sichtbar, wie nicht anders zu erwarten (Abb. 12). Zugleich begegnen wir in vertrauten Szenen einer ganzen Reihe von Touristen (Abb. 18). Man trifft sie fast überall, so wie sie selbst aus den unterschiedlichsten Gegenden der Erde kommen. Es sind Menschen, die das Freizeitvergnügen ans Wasser lockt. Vergnügt zieht man schwimmend seine Bahnen, schleckt ein Eis, grillt am Strand. Die Figuren erscheinen in mannigfaltigen Abwandlungen und liefern darin ein Gestaltungsprinzip – das der Variation –, das nicht nur im geometrischen Design essenziell, sondern auch in der persischen Kultur tief verankert ist. Noch dazu haben all diese Touristen die Kontur eines Schamseh. Neben weißen Vignetten sind auch schwarze zu sehen – diese in gleichmäßigem Fluss (Abb. 19). Das Schamseh findet man als zentrales Ornament auf Buchdeckeln von antiken islamischen Manuskripten (Abb. 16). Fast wie durch schön geschwungene orientalische Fenster blickt man auf anonyme, weil kopflose Figuren, die alle mit Mobiltelefonen oder Tablets beschäftigt sind (S. 14/15). Ob im Ringelshirt oder im freundlich geblümten Kleid – alle gehen derselben Tätigkeit nach. Kontakt, Kommunikation und Information sind kostbares Gut. Es sind Schnappschüsse einer globalen Gesellschaft, von Leuten am Flughafen, in der Metro, auf der Straße auf dem Weg zur Arbeit. Obwohl gesichtslos, unterscheiden sie sich doch durch eine gewisse Individualität ihrer Gesten – was nicht weiter überrascht, denn all diesen Gesten liegen entsprechende, von den Künstlern über Jahre hinweg in einem Fotoarchiv gesammelte Aufnahmen zugrunde.

Am und im Wasser trifft man aber auch auf andere, offensichtlich dringliche Szenen. Dicht gedrängt klammern sich Gestalten mit Tierköpfen auf einem gigantischen Finger aneinander, bunt und vielgestaltig von fern, aus der Nähe betrachtet allerdings erschöpft und mit traurigen Gesichtern, halb Mensch, halb Tier – Elefant, Schildkröte, Stier, Affe, Löwe –, es ist eine bunte Gesellschaft, die hier verzweifelt zusammenrückt (Abb. 15). Dazwischen Schwangere, wie mit einem Röntgenblick sieht man das ungeborene Kind im Bauch. Alle sind auf dieser Arche Noah vereint. Laut Aussage der Künstler verweisen sie mit dem gigantischen, dürren und langen Finger auf den prominenten Außerirdischen E.T., der auch nichts anderes wollte als »home«. Die Malerei spielt außerdem ganz augenscheinlich und fast beiläufig mit Referenzen aus der europäischen Kunstgeschichte.

Mitunter erinnert ein Kopf an Picasso, insgesamt denkt man jedoch eher an Francisco Goyas sozialkritische Arbeiten wie die *Caprichos* oder die *Desastres de la Guerra* über die Schrecken des Krieges. Tatsächlich fußt diese Darstellung aber auf einer Fotografie, die die drei Künstler bereits 2018 in ihrem Werkkomplex *From Sea to Dawn* verwendet haben und die ein mit Flüchtlingen überfülltes Boot auf dem Mittelmeer zeigt (Abb. 14). Die Verbindung zu dieser früheren Arbeit wird dadurch bestärkt, dass auch der gleichnamige Film in das neue Projekt in der Schirn integriert wird (S. 46, 47). – Einmal mehr zeigt sich hier die Strategie des ständigen *work in progress*, wobei Themen und Motive immer wieder aufgenommen und weitergeführt werden. In der aktuellen Bodenarbeit *O You People!* deutet der gigantische Finger auf einen nicht weniger gigantischen Strudel, der all die weißen und schwarzen Figuren in den Abgrund zieht (S. 36/37). Die Touristen und Handynutzer, die U-Bahn-Benutzer, die Schwimmer, die Eisesser – alle verschlingt der Vortex.

Überhaupt hat die gesamte Wasserlandschaft schon lange ihre Unschuld verloren – so sie je existierte. Die Flüchtlingsströme über das Wasser sind ein Aspekt, die Industrialisierung und Ausbeutung der Meere ein anderer. Zwischen dem Iran, der alten Heimat der Künstler, und Dubai, ihrem jetzigen Wohnort, liegt der Persische Golf mit seinen bedeutenden, offshore geförderten Ölvorkommen. 1983 kam es im Iran-Irak-Krieg zu einer der größten Ölkatastrophen weltweit, als ein Tanker mit einer Ölplattform kollidierte. Die palmbestandene Provinz Chuzestan mit ihren reichen Ölvorräten spielte eine zentrale Rolle in der Eskalation zwischen dem Iran und dem Irak. Es sind umkämpfte Ressourcen von großer wirtschaftlicher und geostrategischer Bedeutung. Sie lösen Krisen, Kämpfe und Kriege aus. Die Künstler sind Teil einer Generation, die mitten im Iran-Irak-Krieg (1980–1988) aufwuchs. Die Kämpfe selbst wie auch die gesellschaftlichen Verwerfungen und Nachwirkungen der Iranischen Revolution 1978/79 haben nicht nur sie selbst, sondern auch ihre Arbeit auf das Nachhaltigste geprägt.

Und dann sind da die Esel. Der Esel steht für Geduld und Bescheidenheit. Er ist genügsam und gutmütig. Er hat allerdings nicht den besten Ruf, nicht selten wird ihm Dummheit nachgesagt. Er kann auch störrisch sein – oder vorsichtig, wenn man es netter formulieren möchte. In den meisten Geschichten wird der Esel als stures oder dummes Wesen dargestellt. Wir begegnen ihm in Fabeln, in Kindergeschichten und im Comic. Man denke nur an den treudoofen Eeyore aus *Winnie-the-Pooh*. Esel ist zudem ein durchaus gebräuchliches Schimpfwort. Der Esel steht aber auch für jedermann, für die graue Masse. Er ist das wenig anspruchsvolle, bescheidene Arbeitstier der ländlichen, weniger entwickelten Gesellschaften. Seine Hufe sind dem steinigen, unebenen Untergrund angepasst. Sie geben sicheren Halt, sind aber weniger zum schnellen Rennen geeignet. Der Esel gibt ein starkes Symbol ab. Im Iran, einem stark mit Landminen belasteten Land, sucht er vorsichtig seinen Weg. Auch haben sich die

17

16

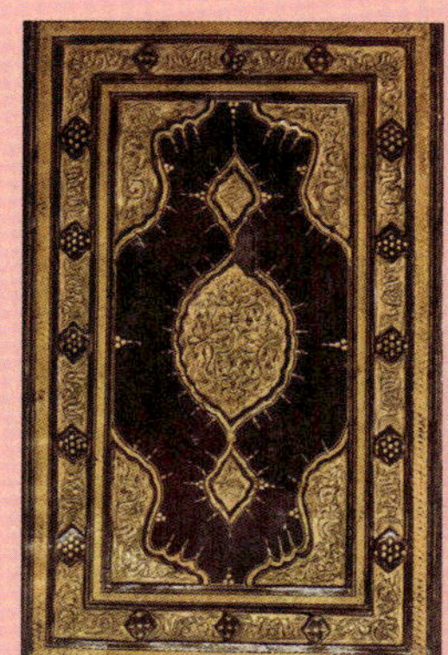

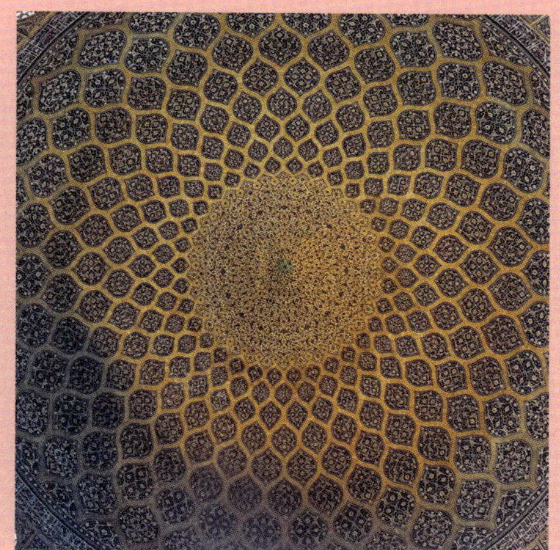

18, 19

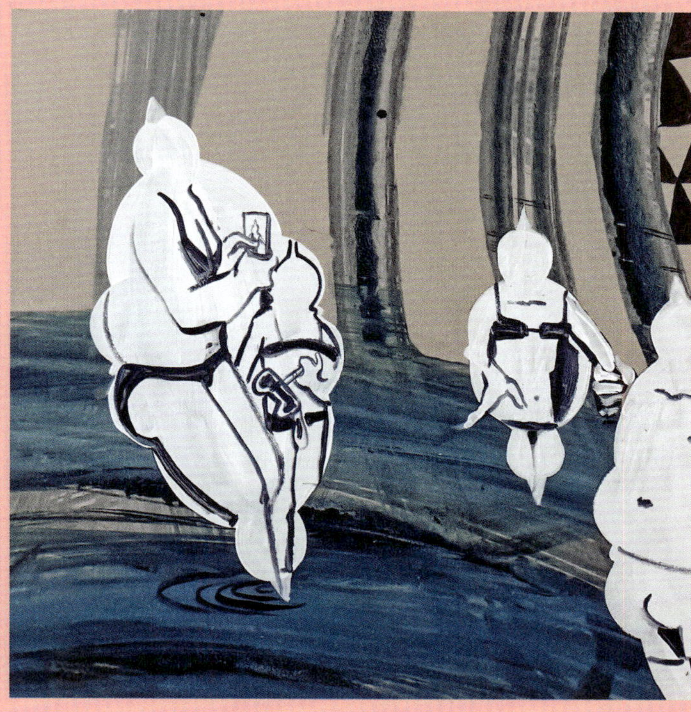

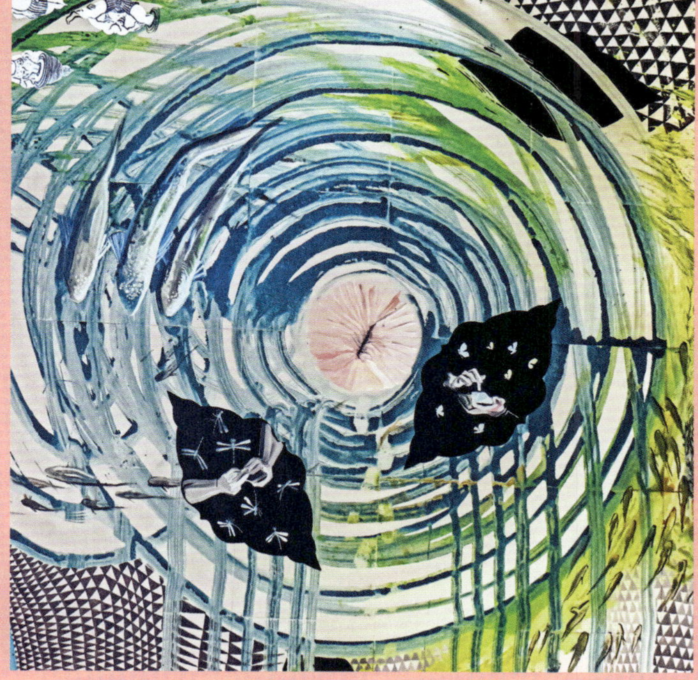

20, 21

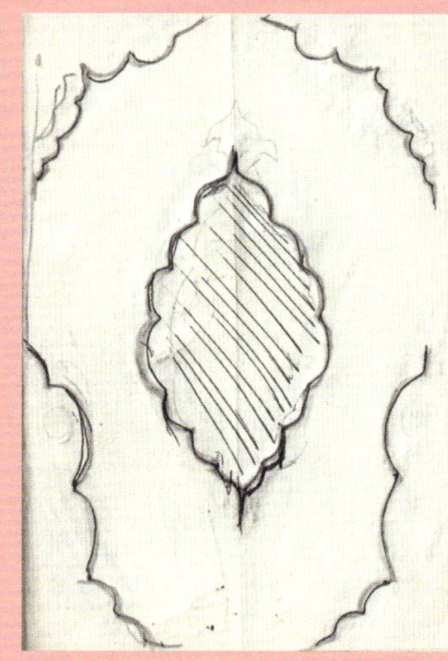

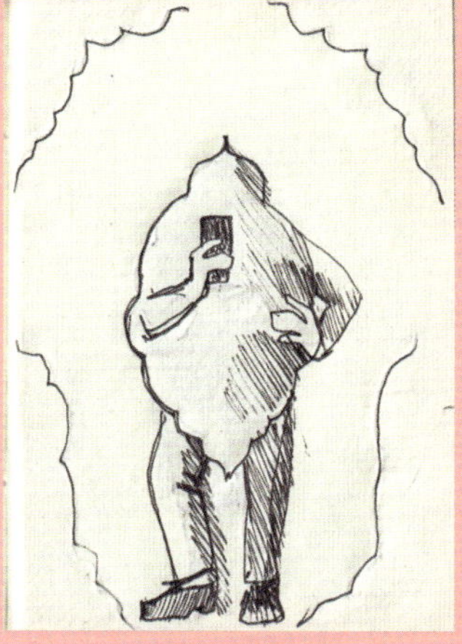

16
Schamseh-Ornament auf einem Bucheinband, Türkei, 17. Jahrhundert / Shamseh ornament on 17th-century bookbinding, Turkey, The Metropolitan Museum of Art, New York
17
Schamseh-Ornament, Scheich-Lotfollāh-Moschee, Isfahan
/
Shamseh ornament, Sheikh Lotfollah Mosque, Isfahan
18, 19
O You People!, 2020 (Detail / detail)
20, 21
Haerizadeh, Haerizadeh, Rahmanian, ein Ornament wird zum Menschen, 2018 / an ornament transitioning into a human, 2018

Esel die Kriege nicht ausgesucht. Dennoch transportieren sie kriegswichtige Güter, stellen die Versorgung mit Lebensmitteln sicher, die sie durch unwegsames Gelände wie ansonsten kaum passierbare Berglandschaften tragen. Auch die Toten und Verletzten tragen sie und finden auf dem Höhepunkt des Krieges ihren Weg durch alle Gefahren.

Immer wieder taucht der Esel als Figur in den Werken der Künstler auf. Auf dem Bodengemälde in der Schirn sehen wir in einem wilden Fluss Eselsköpfe im chaotischen Nebeneinander mit verzerrten Gesichtern und seltsam unheimlichen Augen (S. 10/11, 60). Dazwischen sind kleine Karikaturen, die die schwarzen Esel wie im Comic herauszubrüllen scheinen: In zartblauen Sprechblasen sitzen die gutgekleideten Esel in dunklen Anzügen artig vor Laptops oder tippen eifrig in ihre Mobiltelefone. Das Tier begegnet uns hier aber auch in Form von zwei gigantischen Stoffskulpturen, die Hoda Tawakohl beigesteuert hat (Abb. 22–25). Die beiden Stoffesel mit ausladenden Bäuchen, ein männlicher und ein weiblicher, beherbergen Filme aus unterschiedlichen Produktionen, darunter *We Are the Eighth of a Kind* (S. 48), eine eher melancholische, karnevaleske Performance auf Video aus dem Jahr 2014, in der ein Esel auf Krücken eine Rolle spielt.

 Prominent zeigt die Bodenarbeit *O You People!* zudem einen riesigen schreienden Eselskopf (S. 31), der ein wenig an den Kopf des Pferdes im legendären Bild *Guernica* erinnert, das Pablo Picasso 1937 als Reaktion auf den Angriff auf die baskische Stadt durch die faschistische Legion Condor malte. Michael Taussig, Anthropologe und Theoretiker des Postkolonialismus, weist in seiner politischen Meditation *Palma Africana* dem Esel eine zentrale Rolle zu.[6] Besonders nimmt er das Schreien des Tiers ins Visier – »wie ein Riese, der bei einem Asthmaanfall sein Herz auskotzt«.[7] Diesen durchdringenden Schrei beschreibt er als Effekt der Entfremdung vom Alltäglichen. Taussig betont die subversive Qualität, die dieser Schrei und der Esel ingesamt als Metapher verkörpern. »Für einen männlichen, bürgerlichen Bildhauer in unserem nicht gerade heroischen Zeitalter ist es schwer, männliche Macht auszudrücken,ohne den Dargestellten auf ein Pferd zu setzen; stellen Sie sich vor, wie schwer es wäre, einen Anschein von Würde und Macht zu vermitteln, wenn der Mann ein auf einem Esel reitender Bauer wäre, dessen in Sandalen steckende Füße auf dem Boden schleifen.«[8]

Taussig widmet sich in seinem Buch natürlich nicht nur der Bedeutung des Esels; insbesondere seine Überlegungen zur Palme – deren Blätter (wir erinnern uns) als Teil eines Dastgah nicht unwesentlich zur Gestaltung dieser Arbeit beigetragen haben – haben das Denken der Künstler und die Konzeption dieser Arbeit maßgeblich inspiriert. Taussig argumentiert, dass die Produktion des Palmöls, des Produkts der uns malerisch erscheinenden Palme, für den Postkolonialismus eine ähnlich tiefgreifende Wirkung gehabt hat wie die Zuckerproduktion für die Sklaverei und den Kolonialismus. Palmöl ist Bestandteil einer schier unendlichen Palette von

6
Michael Taussig, *Palma Africana*, Chicago und London 2018.

7
Ders., »Palms«, in: *Mitos Magazin*, 7. Februar 2018; http://www.mitosmag.com/palms/.

8
Ebd.

22

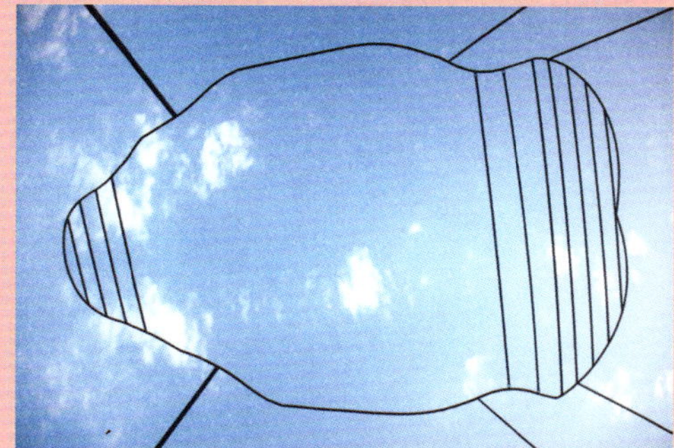

23

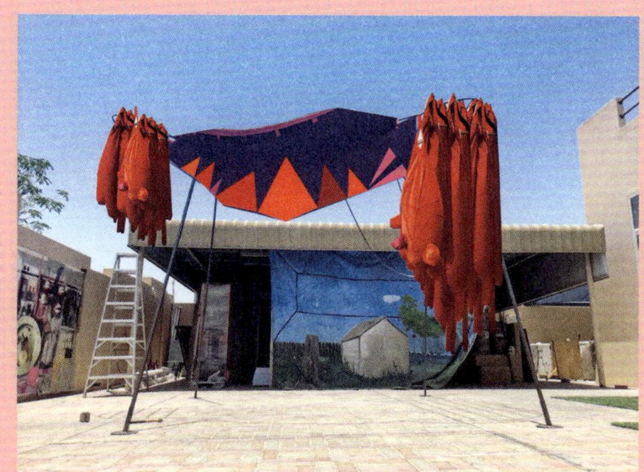

24

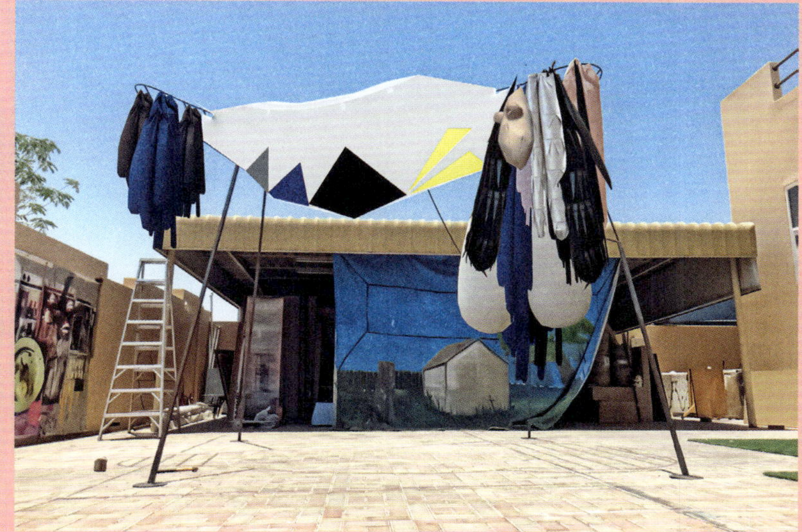

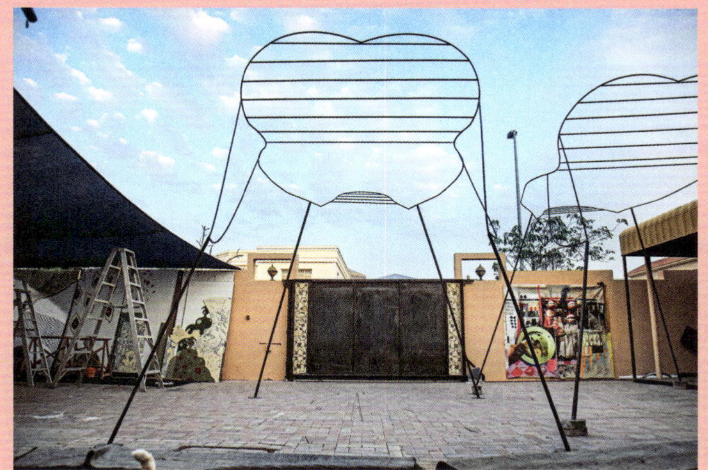

25

22, 25
Gestell für die Skulpturen / Framework for the sculptures *Suggestion: What If We Build Our Own Country, Drinking the Donkey's Milk, Rather Than the Wolf's?*, in Produktion / during production
23, 24
Rendering von / by Hoda Tawakol

26

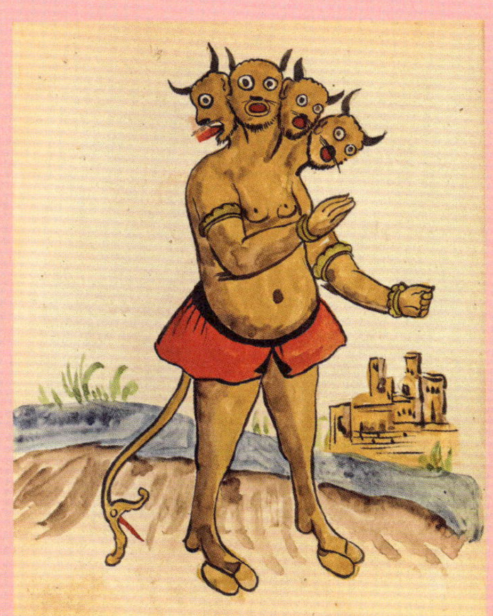

27

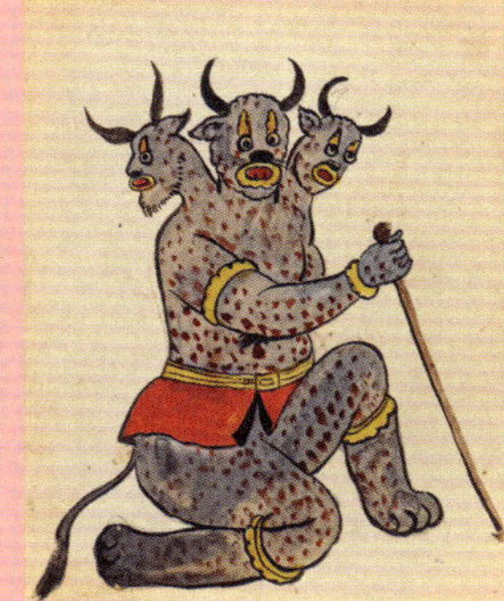

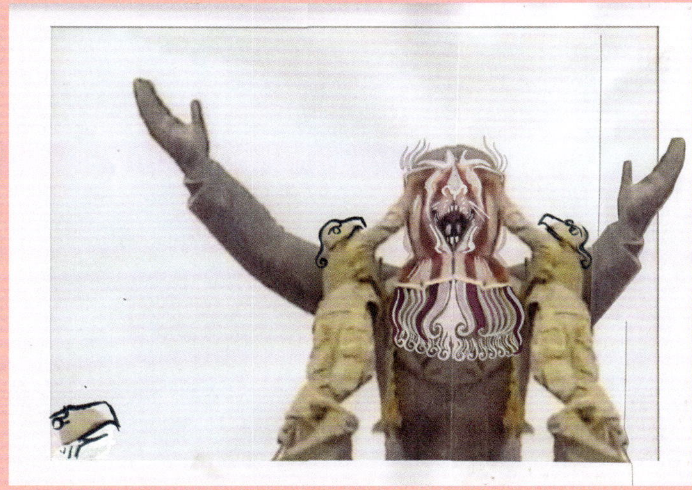

28

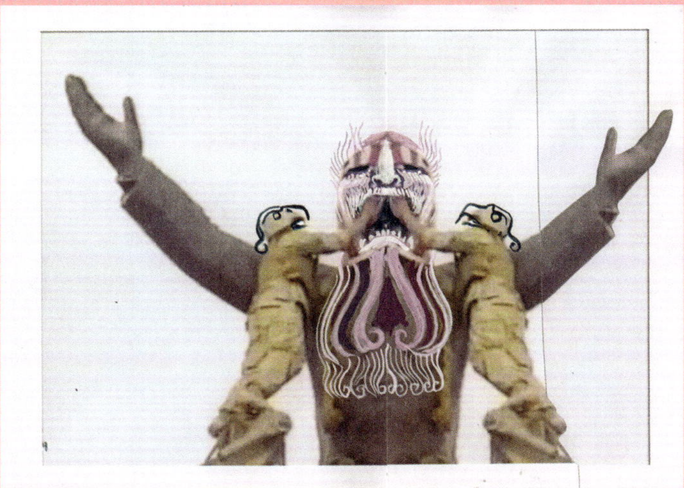

29

26, 27
Abolhol aus *Kitāb-i 'Ajā'ib-i makhlūqāt*, einem Manuskript zur Magie und Astrologie, Isfahan, 1921
/
Abolhol from *Kitāb-i 'Ajā'ib-i makhlūqāt*, manuscript on magic and astrology, Isfahan, 1921
28, 29
If I Had Two Paths I Would Choose the Third, 2020 (Filmstills / film stills)

Produkten, und seine Herstellung könnte schädlicher nicht sein. Sie trägt zu unwürdigen Arbeitsbedingungen und Menschenrechtsverletzungen bei, und die Liste der klimatischen, biologischen und sozialen Folgen ist lang. Was die Künstler uns vor Augen führen, ist die Ambivalenz von exotischen Traumbildern.

Last but not least haben die Künstler für die Ausstellung auch einen neuen Film, *If I Had Two Paths I Would Choose the Third*, in ihrer Serie *Moving Paintings* produziert (S. 40, 41). Mit diesen reagieren sie auf postfaktische Wahrheitskonzepte, die vor allem durch unsere virtuelle Medienwelt geprägt sind. Sie recherchieren zu bestimmten Themen im Internet, um ein Bildarchiv anzulegen, das sich als Basis für ihre Filme eignet. Das Found-Footage-Material ist ein Spiegel der Realität, Beute einer komplexen Informationsgesellschaft, die sich jedoch nicht überall in der Welt auf die gleiche Art und Weise abbildet. Auf der einen Seite gibt es den Überfluss an Information, der gleichzeitig zu der einen Wahrheit auch eine andere anbietet. Dann sind da die sogenannten Fake News. Dann wiederum gibt es Gesellschaften mit einem sehr restriktiven Zugang zu all dieser Information. Es sind heterogene Zeiten, wie die Künstler sagen. In ihren Filmen lassen sie die reportagehafte Ebene des Ausgangsmaterials hinter sich, indem sie das Gefilmte als Rotoskopie animieren und überarbeiten. Kader für Kader werden die Internetfilme ausgedruckt. In langen gemeinsamen Sitzungen gehen sie von Hand zu Hand und werden übermalt. Die Realität wird deutlich sichtbar von einer anderen Realität überlagert, die stärker durch die Imagination geprägt wird, durch Träume, die auch Alpträume sein können. Die Statue eines Diktators erhält einen Löwenkopf. Er gleicht nun Abolhol (Abb. 26, 27), einem persischen Mischwesen aus Mensch und Tier. Bilderstürmer werden zu Falken, die Masse der Zuschauer zu Eseln. Träume und Traumata finden zu einem Fluss zusammen.

In der jüngsten Produktion der drei Künstler, *If I Had Two Paths I Would Choose the Third*, prallen Modernismus und Fundamentalismus aufeinander, als opponierende Kräfte in ständigem Kampf. Die Filmaufnahmen, die die britische Zeitung *The Guardian* am 9. April 2003 veröffentlichte, zeigen einen Bildersturm, den Fall von Bagdad und des Regimes um Saddam Hussein. Die Idole werden gestürzt. Der Palast wird geplündert. Möbel werden hinausgetragen. Szenenwechsel: Vor dem Nationaltheater in Teheran stand eine Skulptur von Bahman Mohassess, von vielen als der persische Picasso bezeichnet. Er war ein Bildhauer, Maler, Zeichner, Theaterdirektor und gefeierter Übersetzer von Ionesco, Malaparte, Pirandello und Genet. Offen homosexuell und radikal modern mit wild bewegter Biografie, einem Leben zwischen Italien und dem Iran. In seiner Heimat von Künstlern als *artists' artist* verehrt, auf der anderen Seite zensiert – ein schwuler Mann in feindseliger Umgebung. Ramin, Rokni und Hesam nehmen die Zerstörung der Statue eines Fauns von Bahmann Mohassess vor dem Nationaltheater in Teheran in den Fokus. Wehmütige Erinnerungen sind damit verbunden. Im Voiceover hört man, dass sich hier Jungen und Mädchen zum Rendezvous trafen. Es sind Reflexe einer anderen Zeit. Der Faun hatte ein erfülltes Leben, doch dann wurde er zerstört. Im Keller des Museums für zeitgenössische Kunst in Teheran werden die Reste aus der Luftpolsterfolie geschält. Dieser Kampf ist nicht zuletzt auch ein Kampf um die Zeichen der Repräsentation, um die Symbole, die für eine Gesellschaft stehen und in der Lage sind, diese stellvertretend abzubilden. Er ist auch ein Kampf um kollektive Werte – ein Plädoyer für eine offenere Gesellschaft, die in nicht wenigen Ländern nur geträumt wird.

All das ist ein starker Kommentar zu unserer Zeit. Und so ist es kein Zufall, dass die Künstler den Aspekt der Zeit auch in den Titel der Ausstellung gestellt haben, der mehr Teil des Kunstwerks selbst ist als dessen Überschrift: »Either he’s dead, or my watch has stopped«. Dieser Satz stammt aus der anarchischen Filmkomödie *A Day at the Races* (1937) der an Groteskem nicht sparenden Marx Brothers Groucho, Chico und Harpo. Groucho ist die Karikatur des Businessman, Chico gibt den italienischen Immigranten, und der erstaunliche Harpo den Stummen mit Engelsperücke, der trotz seines unschuldigen Aussehens in zutiefst subversiven Impulsen, gegen die er machtlos oder gleichgültig zu sein scheint, letztlich alles zerstört. Groucho erschleicht sich in einem Sanatorium für reiche Damen die Position eines Arztes, ist aber ein hochstapelnder Tierarzt, der gemeinsam mit seinen Komplizen in rasantem Tempo alle Ansätze von Logik und Vernunft zerpflückt. Den erwähnten Satz sagt Groucho alias Hugo Z. Hackenbush, während er den Puls eines Patienten fühlt. Der Realität – dem Tod des Patienten – entkommt er mit der spielerischen Erfindung einer alternativen Realität, der der stehengebliebenen Armbanduhr. Was die Uhr festhält, ist die Zeit an sich, ist das Absurde in seiner reinsten Form. Im Bruchteil einer Sekunde bietet sich die Realität als Fragment von entgegengesetzten Möglichkeiten oder Optionen, die in einem Moment präsent sind, um sich im nächsten über die Grenzen des (Un)sinns zu verflüchtigen.

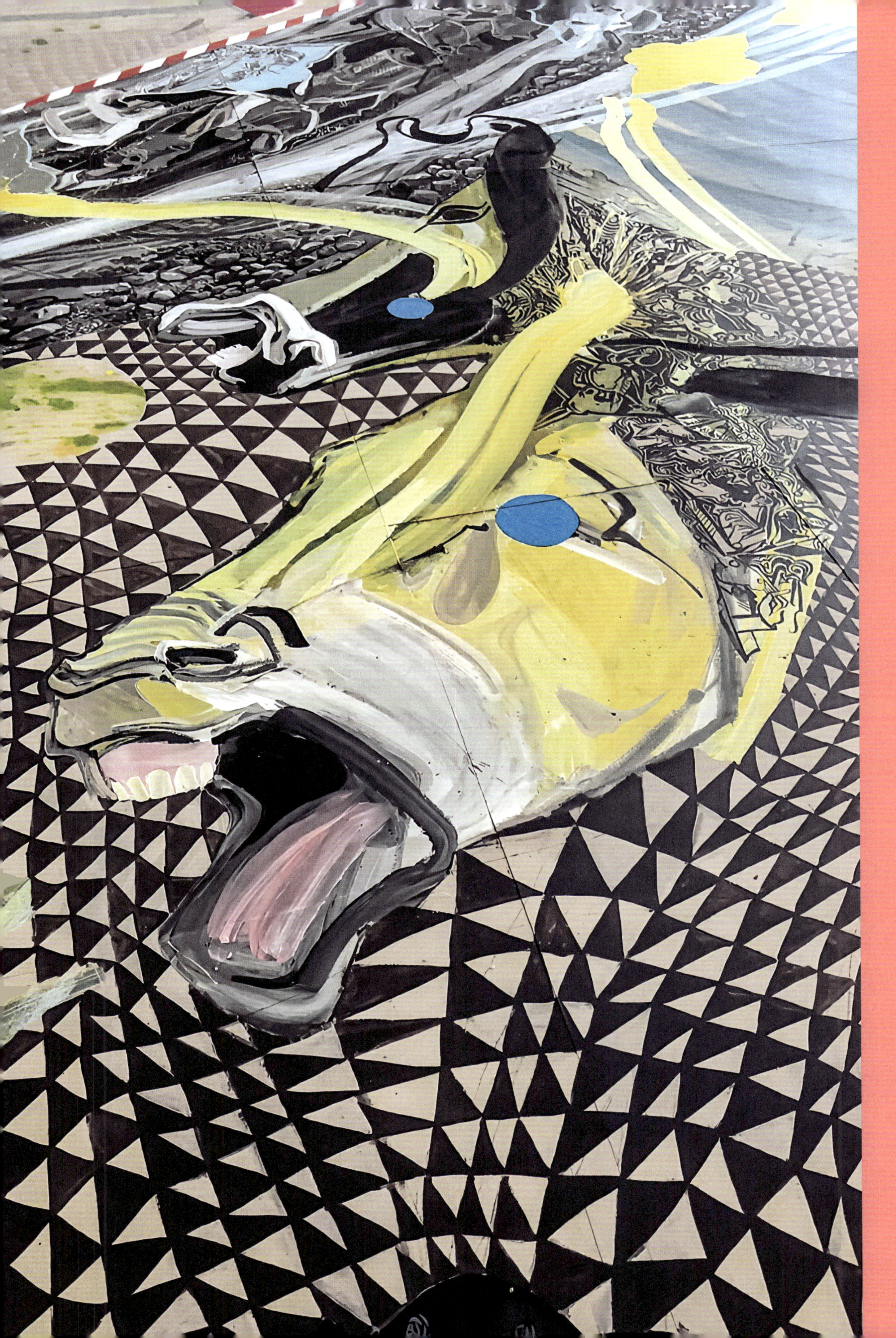

Ramin Haerizadeh, Rokni Haerizadeh, Hesam Rahmanian: A Creature with Six Eyes

Martina Weinhart

The Iranian artist trio has been living and working as a collective in exile in Dubai since 2009. The three of them are connected by a shared youth in Tehran. Rokni Haerizadeh once described the collaboration with his brother, Ramin Haerizadeh, and Hesam Rahmanian, the third man in the group as follows: "After a while, you become a creature with six eyes,"[1] and their collaboration actually does have a very organic, living quality. They are more a group of like-minded individuals than a dogmatic, formalized ensemble, something that can already be recognized in the fact that the artists have neglected to give themselves a name as a collective—they continue to work independently as well as in this constellation of three individuals. Other people who enrich their work join them again and again in various projects. For the exhibition at the Schirn Kunsthalle Frankfurt, they invited the Egyptian artist Hoda Tawakol to contribute textile sculptures (figs. 23 and 24, p. 27). In Florida the artist and musician Lonnie Holley improvised on the piano for their performance *We Are the Eighth of a Kind* of 2014 (ills. p. 48), which was subsequently made into a joint video work. For other projects they worked with Nazli Ghassemi, Christopher Lord, Minnie McIntire, and Mandana Mohit on an intentionally unfaithful translation of a poem by the important Persian poet Nimā Yushij, which—in a process that the artists call "Unfaithful Poetry"—is no longer set in 1941 but instead in the present. This short list alone shows the richness and freedom of spirit that unite their projects, which to date have hardly been limited by international boundaries. Curiosity about others and the Other permeates their work as a whole.

Altogether, their lavish, literally all-embracing oeuvre is an exuberant mixture of performance, painting, collage, drawing, videos, and texts, which, as here at the Schirn, is integrated in an immersive and site-specific installation—a gigantic work in progress, as their oeuvre as a whole might also be described. Found objects come together with inventions, the old with the new, the Western with the Oriental. Persian roots and Western pop culture can meet as well as high culture and camp, the absolutely banal and serious political and social issues, gender-bending, waves of migrants, or questions of identity in a world in motion. A general openness is combined with the playful and the grotesque, whereby the artists compare their practice with the chaotic growth of nature: "We aim to make something, and something else might interrupt it or change its direction of growth. So, it will grow into a new direction, or dies (fails), evaporates, dissolves, which could bring other possibilities."[2] This approach is based on nonlinear thinking, lateral thinking, so as to break with and call conventional patterns into question. But the special quality of the trio's work consists not least of the fact that they—despite the serious topics that frequently revolve around crises in the Near East, exile, and migration—are permeated by a melancholy poetry. A powerful language that is rather enraged in its resoluteness is thus also concealed behind the initially friendly looking surface, and the artists quite often communicate their concerns with a caustic humor. The bleak scenarios are transformed into satirical scenes or caricature-like grotesques—which reflect not least the abstruse nature of the globalized world.

The centerpiece of the exhibition at the Schirn, *O You People!* (ills. pp. 6–7 and throughout), is a massive floor work serving as a foundation for their environment, which the artists understand as an alternative landscape. Visitors are familiar with monumental paintings of such dimensions by Mexican muralists or from street art, whose function is frequently to articulate and communicate political concerns in a striking way. Such paintings are, however, rather rarely found on the floor. Here, the exorbitant work provides a stage for a subversive theater and is a depiction of it at the same time. Like all the floors that the artists have painted in the past, the huge painting on simple wooden panels is the product of an almost ritualistic performance. In it, Hesam and Ramin transform themselves into creatures they call *dastgāh*, whose specific sensorium transposes ideas, realities, and fantasies into a picture. The Persian term *dastgāh* denotes the entire set of tools that one needs for a particular purpose or process as well as a melodic matrix for improvisations in traditional Persian music.[3] Life vests, painting machines, and an oversized ear become prostheses, extensions of their bodies for Ramin and Hesam. The artists themselves become figures of transmission; one might even call them mediums. They become one with the machine—*dastgāh*. These *dastgāh* have a big ear open to the sounds, currents, and whispers of time. They put on a dress in order to expand the male perspective to include a female one. They wear a life vest of the type familiar in connection with migrants fleeing over the Mediterranean. Transformed in this way into a sort of transmitter, the basic structures of the painting are created in a ritual that always remains the same, a painting that is then supplemented and expanded to include innumerable detailed stories in a more conventional way. What should by no means be forgotten is thus a burlesque desire to disguise oneself, which does not play a minor role.

These *dastgāh* are fragile creatures in a less friendly world, a world that they allude to in a heartrending way and against which they must defend themselves. Hesam merges with a painting machine to become a *dastgāh* named Lullabee (fig. 1, p. 19). It wears a life vest as a diaper and has a second vest pulled over its head: it is also equipped with a huge ear (an enlargement from an anatomy book; fig. 2, p. 19), a rubber boot on one foot, and a makeshift sandal assembled from scraps of plastic on the other. "All *dastgāh* operate and contaminate the space as one objective form. Then we become ourselves (subjective) when working as self,"[4] as the artists describe this process of transformation. This concept playfully calls into question the exclusive subjectivity of the painter-princes of modernity, who developed their pictures based solely on their brilliant self, an idea that Roland Barthes and Michel Foucault already took up arms against with their calls for the "death of the author." With each exhibition, each location where the *dastgāh* become active, they learn more and are charged and enhanced with new knowledge about the respective geopolitical regions. Lullabee was developed, just like the form that makes Ramin into the *dastgāh* Out of the Boat [OB] (fig. 5, p. 19), for the project *From Sea to Dawn* (ills. pp. 46–47), which deals with migration over the Mediterranean. All the objects mentioned reflect this.

Hesam—as the *dastgāh* Lullabee—transports a monumental painting machine and, unified with it, renders large spirals on the floor by spinning around. Out of the Boat [OB], in contrast, moves over the floor in a vehicle resembling a wheelchair while wearing a prettily patterned housedress. It is actually a bicycle that was taken apart in the middle, a construction of their own (ill. p. 1), whose deformed appearance is supposed to call to mind objects damaged in the wars and conflicts of the world. Out of the Boat [OB] has his life vest pulled over his head in such a way that it lights the path in front of him like a large headlamp. Here, according to their own statements, the artists were inspired by the fantastically shaped fish of the deep sea, which bear a light like a mining lamp, with which they find their way through the darkness (fig. 4, p. 19). Out of the Boat [OB] also makes his way in a similar manner and, with pumps on the sides of his chair and palm fronds attached to the back like gigantic paintbrushes, spreads green paint on the surface.

A third *dastgāh* is Tourist Meccano (figs. 9 and 10, p. 20). His construction consists of tools and machines for building roads or excavating soil. Tourist Meccano is correspondingly made to smear paint on the artistic landscape as if on a dirt path. But his appearance is indebted more to radical artworks of modernity having a fascination with machines, such as Jacob Epstein's sculpture *The Rock Drill* (1913; fig. 8, p. 20) and *Robots et Mécanos* (1968) by the Iranian painter Bahman Mohassess (fig. 7, p. 20). And his form, as the artists affirm, was inspired not least by the e-scooters with which tourists explore cities worth seeing (fig. 6, p. 20).[5]

This complex process gives rise to a landscape. Huge water vortexes are surrounded by carpet-like surfaces, whose black-and-white ornamentation calls to mind the allover design of Oriental patterns. The aesthetic of ornamental order plays with the horror vacui of Oriental design principles, not unlike Old Persian miniatures, which rarely include empty surfaces and in which representational images and abstract patterns alternate. Here we see a structural examination of cultural roots and find a Persian miniature enlarged into the monumental and transformed for the twenty-first century in the floor work. At the same time, this strict order of things explodes and is broken up by the dynamic of reflections of our era. What develops is a maelstrom of stories, an overload of references that can barely be organized.

The fact that the painting of Rokni Haerizadeh, Ramin Haerizadeh, and Hesam Rahmanian does not stop with the ornamental or the decorative is immediately obvious. Fish are visible in the spirals, whirls, and rivers, as would be expected (fig. 12, p. 22). At the same time, we encounter a series of tourists in familiar scenes (fig. 18, p. 25). They are practically everywhere, and they come from the most diverse regions of the world: people who are drawn to the water for recreational pleasures. We see them happily doing laps in the water, enjoying ice cream, and barbecuing on the beach. The figures are repeated in many different ways and thus provide a principle of design—that of variation—which is not only essential in geometric design but also deeply anchored in Persian culture. Furthermore, all these tourists have the contour of a *shamseh* (sun medallion). In addition to white vignettes, there are also black ones—in a homogeneous river (fig. 19, p. 25). The *shamseh* is also featured as the main ornament on book covers of ancient Islamic manuscripts (fig. 16, p. 25). Almost as if peering through beautifully curved Oriental windows, we see figures that are anonymous due to their headless state, all of them occupied with cellphones or tablets (ill. pp. 14–15). Whether clothed in a nautically striped shirt or a pleasantly flowered dress, they are all engaged in the same activity. Contact, communication, and information are a precious commodity. They are snapshots of a global society: people at the airport, in the subway, and on the street on their way to work. Although they are faceless, they are nonetheless differentiated by a particular individuality of their gestures—which is not really surprising, since all these gestures are correspondingly found in photos in a photo archive that the artists have been compiling for years.

But we also encounter other, apparently crucial scenes on the waterside and in the water. Figures with animal heads are crowded densely together on a gigantic finger, colorful and diverse from a distance, but when observed up close, exhausted and with sad faces; part human, part animal—elephant, turtle, bull, ape, lion—it is a motley group that has desperately closed ranks here (fig. 15, p. 22). In between them are pregnant figures, and you see an unborn child in a belly as if with X-ray vision. All of them have come together on this Noah's Ark. According to the artists' statements, with the gigantic, skinny and long finger, they make reference to the prominent extraterrestrial E.T., who also wanted nothing but "home." The painting also plays quite clearly and almost parenthetically with references from European art history. Occasionally a head calls Pablo Picasso to mind, but on the whole the work is more reminiscent of Francisco Goya's socially critical oeuvre such as *Los Caprichos* or his depictions of the horrors of war in *Los Desastres de la Guerra*. But the picture is in fact actually based on a photograph that the three artists already used in their work complex *From Sea to Dawn* of 2018 and shows a boat packed with refugees on the Mediterranean (fig. 14, p. 22). The link to this earlier work is also reinforced by the inclusion of the film of the same name in the new project at the Schirn (ills. pp. 46–47). The strategy of a constant work in progress is shown here by the fact that topics and motifs are used once again and taken further. In *O You People!*, the current floor work, the gigantic finger points to a no less gigantic vortex that pulls all the white and black figures into the abyss (ill. pp. 36–37). The tourists and the cellphone users, the subway riders, the swimmers, the ice cream eaters: the vortex engulfs them all.

Water landscapes in general lost their innocence long ago—if such a thing ever existed at all. The waves of refugees over the water are one aspect, and the industrialization and exploitation of the oceans another. Between Iran, the artists' old home, and Dubai, their current place of residence, lies the Persian Gulf, with its important oil reserves pumped offshore. One of the biggest oil catastrophes in the world occurred in 1983 when a tanker collided with an oil platform during the Iran-Iraq War. The palm-fringed Province of Khuzestan with its extensive oil reserves played a central role in the escalation between the two countries. They are contested resources of great economic and geostrategic importance. They cause crises, battles, and wars. The artists are part of a generation that grew up during the Iran-Iraq War (1980–88). The battles themselves as well as the social upheavals and repercussions of the Iranian Revolution in 1978–79 permanently influenced not only the artists themselves, but also their work.

And then there are the donkeys. Donkeys stand for patience and humility. They are undemanding and good-natured. But they do not have the best reputation and are often maligned for their stupidity. They can also be ornery or wary, to put it in a nicer way. In most stories, donkeys are presented as stubborn or stupid creatures. We encounter donkeys in fables, children's stories, and comic strips—think of the gullible Eeyore from *Winnie-the-Pooh*. Ass, another term for donkey, is also a quite common invective. But donkeys also stand for everyman, for the gray masses. They are the undemanding, unpretentious work animals of rural, less-developed societies. Their hoofs are adapted to rough, stony ground, providing sure footing but less suitable for quick running. Donkeys serve as a powerful symbol. In Iran, a country badly blighted with landmines, they cautiously find their way. Donkeys have also not chosen war, but they nevertheless transport goods vital to it and ensure a supply of food, which they carry through rough terrain as well as otherwise barely passable mountain landscapes. They also carry the dead and injured, and are able to navigate their way through all dangers in the heat of war.

Donkeys appear again and again as figures in the artists' oeuvre. In the monumental floor work at the Schirn, we see donkey heads chaotically juxtaposed in a wild river, with contorted faces and strangely uncanny eyes (ills. pp. 10–11, 60). Between them are small caricatures that seem to be shouting at the black donkeys as if in a comic strip: well-dressed donkeys in dark suits sit well-behaved in front of laptops or typing on their cellphones in light blue speech bubbles. But we also encounter the animal here in the form of the two gigantic textile sculptures contributed by Hoda Tawakol (figs. 22–25, p. 27). The two fabric donkeys with protruding bellies, one male and one female, accommodate films from various productions, including *We Are the Eighth of a Kind* (ills. p. 48), a rather melancholic, carnivalesque performance on video (in which a donkey on crutches plays a role) of 2014.

The floor work *O You People!* also prominently shows a huge, braying donkey's head (ill. p. 31), which somewhat calls to mind the head of the horse in the legendary picture *Guernica*, which Pablo Picasso painted in 1937 in reaction to the attack on the Basque city by the fascist Legion Condor. Michael Taussig, an anthropologist and theoretician of post-colonialism, ascribes a central role to donkeys in his political meditation *Palma Africana*.[6] He focuses in particular on the animal's braying—"like a giant with an asthmatic attack vomiting its heart out."[7] He describes this penetrative braying as an effect of alienation from day-to-day life. Taussig emphasizes the subversive quality that this braying and donkeys on the whole embody as a metaphor. "If it is difficult for a sculptor of the bourgeois male in our less than heroic age to manifest manly power without seating its subject on a horse . . . imagine how hard it would be to create a sense of dignity and power if the man was a peasant riding a donkey with his sandaled feet scraping the ground."[8]

Taussig naturally does not only devote himself to the significance of donkeys in his book; it is particularly his reflections on palms—whose leaves (as we recall) contributed significantly to the design of this work as part of a *dastgāh*—that inspired the artists' thinking and their conception of this work. Taussig argues that the production of palm oil, the product of, to us, picturesque-looking palms, have had a profound effect on post-colonialism similar to that of sugar production on slavery and colonialism. Palm oil is a component of an almost infinite palette of products and its production could not be more destructive. It contributes to disgraceful working conditions and human rights abuses, and the list of the climate-related, biological, and social consequences is long. What the artists present to us is the ambivalence of exotic dream images. Finally, the artists also produced a new film for the exhibition, titled *If I Had Two Paths I Would Choose the Third*, in their series of *Moving Paintings* (ills., pp. 40–41). It is a reaction to post-factual concepts of truth, which are influenced above all by our virtual media world. They research specific topics on the Internet to create an image archive that is suitable as a basis for their films. The found footage material is a mirror of reality, the plunder of a complex information society, but one that is not reproduced all over the world in the same way. On the one hand, there is a profusion of information, which offers one truth as well as a different truth at the same time. Then there is the so-called fake news. Then again, there are societies with very limited access to all this information. These are heterogeneous times, as the artists say. In their films they leave the report-like level of the initial material behind them by using rotoscope animation in their adaptation of the filmed footage. The Internet films are printed frame by frame. They are painted in long collaborative sessions, passing from hand to hand. The reality becomes clearly and visibly overlaid with another reality, which is shaped more strongly by the imagination, by dreams, which might also be nightmares. The statue of a dictator is given a lion's head. He now resembles an *abolhol,* a Persian hybrid creature of human and animal (figs. 26 and 27, p. 28). Iconoclasts turn into falcons, a mass of spectators into donkeys. Dreams and traumas flow together.

In the three artists' newest production, titled *If I Had Two Paths I Would Choose the Third*, modernism and fundamentalism collide as opposing forces in a never-ending battle. The film footage published by the British newspaper *The Guardian* on April 9, 2003, shows a flood of images, the fall of Baghdad, and the overthrow of the regime around Saddam Hussein. Idols are toppled, the palace is plundered, and furniture is carried out. Then there is a change of scene: in front of the National Theater in Tehran stood a sculpture of a faun by Bahman Mohassess, who is described by many as the Persian Picasso. He was a sculptor, painter, draftsman, theater director, and celebrated translator of Eugène Ionesco, Curzio Malaparte, Luigi Pirandello, and Jean Genet. Mohassess was openly homosexual and radically modern, with an eventful biography and a life alternating between Italy and Iran. Honored by artists in his home country as an artists' artist, he was censored at the same time—a gay man in hostile surroundings. Ramin, Rokni, and Hesam focus on the destruction of Mohassess's statue. Nostalgic memories are connected with it. The voiceover tells that young men and women met here for rendezvous. They are reflections on another time, reflections on a different, more open society. The faun had a good life but was then destroyed. The remains are peeled out of bubble wrap in the cellar of the Museum of Contemporary Art in Tehran. This struggle is not least also a struggle over signs of representation, over the symbols that represent a society and are able to adequately portray it. It is a struggle over collective values—a plea for a more open society, which can only be dreamed of in many countries.

All of this is a powerful commentary on our time. And it is thus not a coincidence that the artists also put the aspect of time in the title of the exhibition, which is more part of the artwork itself than part of its motto: "Either he's dead, or my watch has stopped." This line comes from the anarchic film comedy *A Day at the Races* (1937) by the Marx Brothers, Groucho, Chico, and Harpo, who do not skimp on the grotesque. Groucho is a caricature of a businessman, Chico plays the Italian immigrant, and the astounding Harpo is the silent man with an angel's wig, who despite his innocent appearance ultimately ruins everything with profoundly subversive impulses, against which he seems to be powerless or indifferent. Groucho obtains the position of a doctor in a sanatorium for wealthy ladies by devious means, but is actually a veterinarian, who, along with his accomplices, quickly destroys any concepts of logic and reason. Groucho, alias Hugo Z. Hackenbush, recites the line mentioned while feeling the pulse of a patient. He evades the reality—the death of the patient—with the playful invention of an alternative reality, the stopped wristwatch. What the watch records is time itself, the absurd in its purest form. In a fraction of a second, reality is offered as a fragment of opposite possibilities or options that are present at one moment, only to vanish in the next beyond the boundaries of sense and nonsense.

1
Cited after Cate McQuaid, "Iranian Trio Courts Chaos in First US Museum Solo Show at ICA," in *Boston Globe* (December 20, 2015).

2
The artists in conversation with the author, April 2020.

3
Unlike many languages, including French, German, and Arabic, in which objects are assigned a gender, Persian does not have masculine or feminine nouns. This linguistic neutrality allows Persian audiences to make their own gender associations. In this text the singular form, *dastgāh*, is used throughout.

4
The artists in an email to the author.

5
The artists in conversation with the author, April 2020.

6
Michael Taussig, *Palma Africana* (Chicago and London: University of Chicago Press, 2018).

7
Taussig, "Palms," *Mitos Magazin* (February 7, 2018); http://www.mitosmag.com/palms/.

8
Ibid.

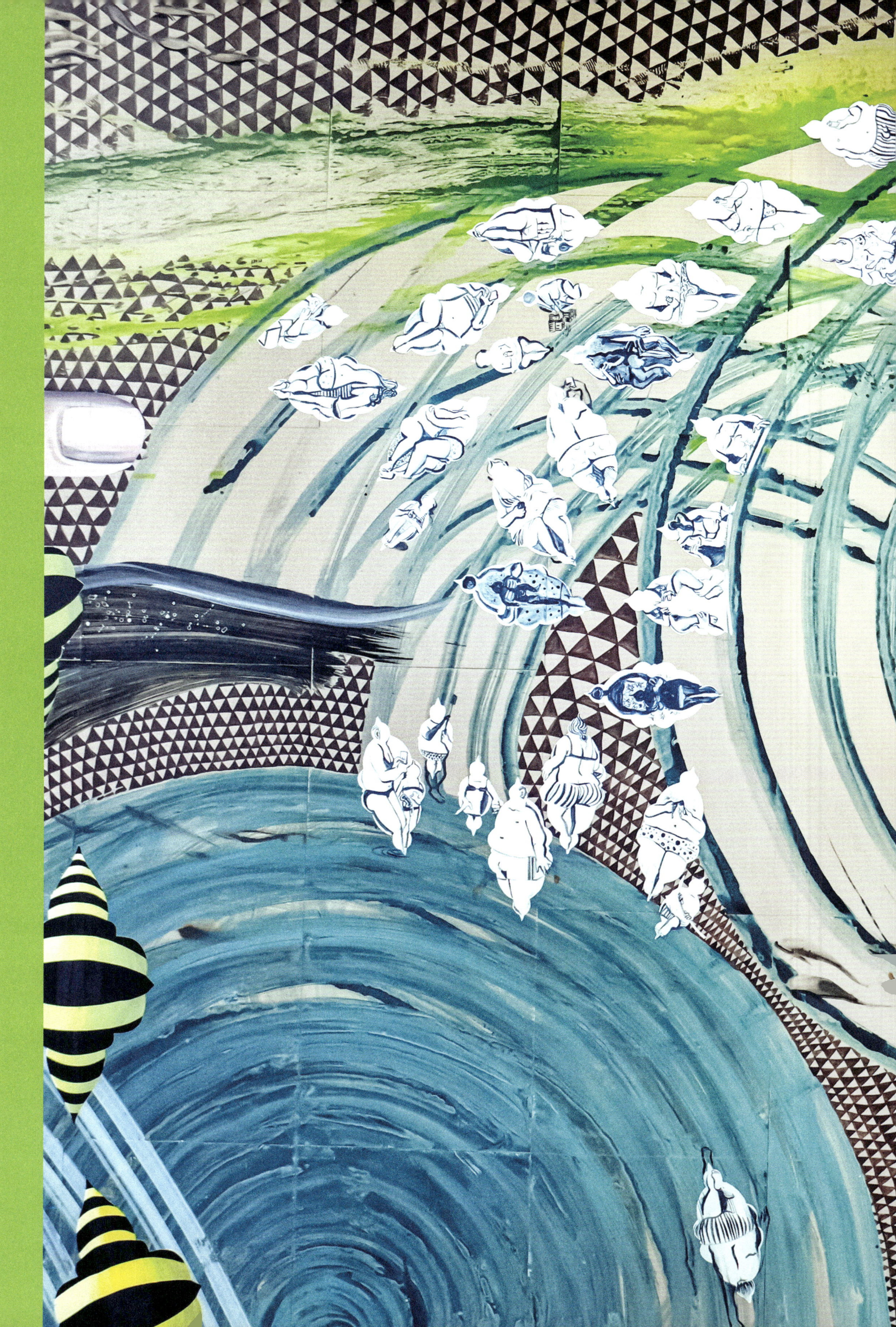

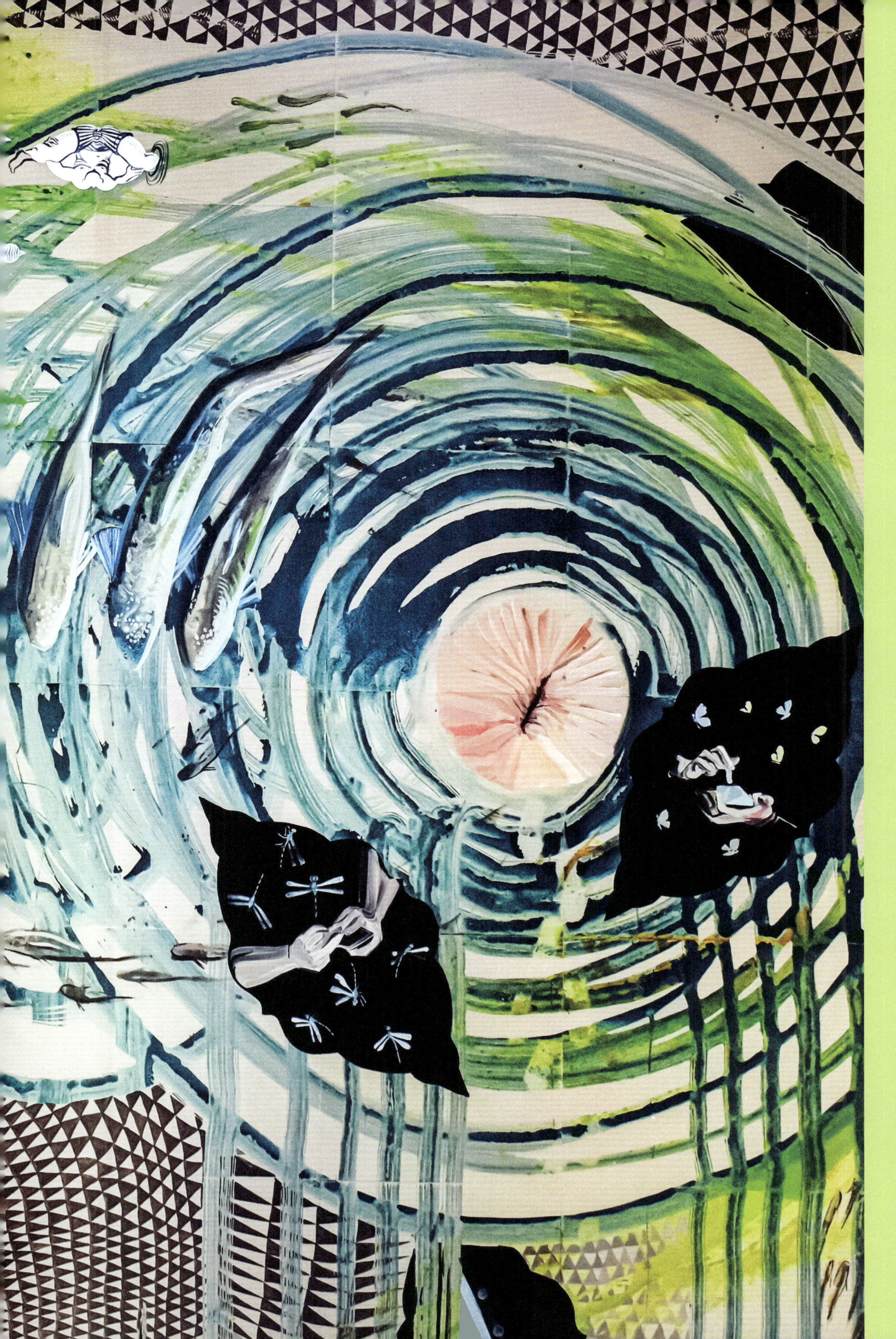

My Son, My Crown

(Vorgefundenes Bild: Die Überreste des vermissten Soldaten Mohammad-Sadeq Rezaei werden zehn Jahre nach dem Iran-Irak-Krieg seiner Mutter Malika übergeben.)

Malika: »Man sagte mir, nach zehn Jahren seien nun die sterblichen Überreste von 80 Soldaten überführt worden. Am selben Tag fand ich meinen Sohn Mohammad. Ich bat darum, den Sarg mit den Gebeinen zu öffnen, die seine sein sollten. Mein Sohn hatte zwei Erkennungszeichen. Das erste waren vier Linien, die ich auf seine Bitte hin in sein Unterhemd genäht hatte, bevor er in den Krieg zog. Ich wischte den Staub von seinem Hemd und erkannte darauf die verblichenen Linien. Das zweite Zeichen war eine Schädelfraktur, die er sich in der vierten Klasse zugezogen hatte. Ich legte mir seinen Schädel auf den Kopf und hielt die Hand meines Sohnes in meiner. Dann fragte ich den Fotografen: ›Möchten Sie nicht ein Foto von mir und meinem Sohn machen?‹«

My Son, My Crown ist ein eindringliches Bild, das uns sehr ergriffen hat. Auf mancher Ebene gibt es Bezüge zu unserem Leben und unserer künstlerischen Praxis. Wenn sich Malika den Schädel ihres Sohnes auf den Kopf legt, ist das, wie uns klar wurde, ebenso Ausdruck von Trauer wie eine feierliche Geste des Lampentanzes, eines Volkstanzes vom Kaspischen Meer, der Region, aus der sie stammt. Das gleichzeitige Vorhandensein von Trauer und Freude in der Reaktion der Mutter entspringt einer tief verwurzelten Ursprünglichkeit, die, wie wir glauben, über das Kulturelle hinausgeht. Die gleichen intensiven Verarbeitungsprozesse sehen wir auch in unserer Arbeit, wo sie der Landschaft und der Umgebung entspringen, in der wir aufgewachsen sind. Wir waren Kriegskinder, und auch unsere Angst vor den Raketen und Bomben, die auf Teheran niedergingen, wurde, als wir in unterirdischen Schutzräumen Zuflucht gefunden hatten, von einer gewissen Freude verdeckt. Wir erinnern uns, dass wir, den Bomben entkommen, während solcher Nachbarschaftsversammlungen trotzdem freudig aufgeregt waren – es waren unvergessliche, intensive Momente. Diese komplexe Art der Verarbeitung haben wir auch in das verschachtelte System der Landschaft unserer Ausstellung integriert.

Ramin Haerizadeh, Rokni Haerizadeh, Hesam Rahmanian in Zusammenarbeit mit Nazli Ghassemi

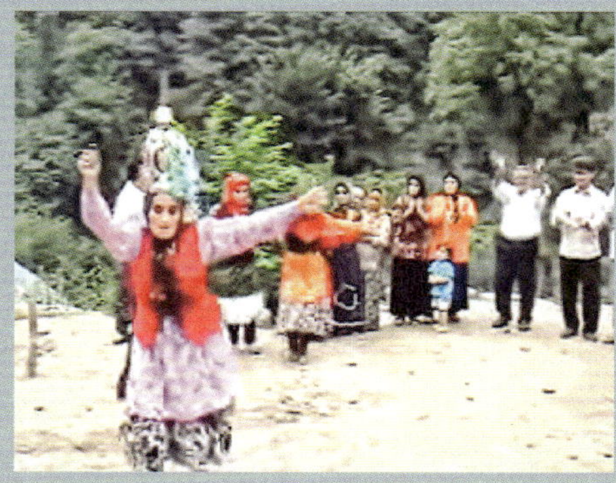
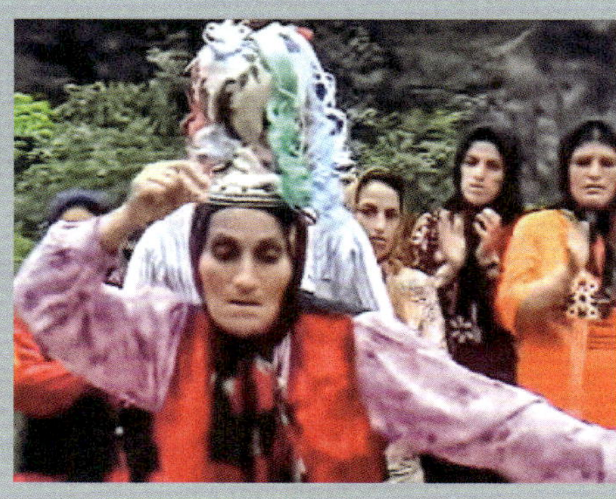
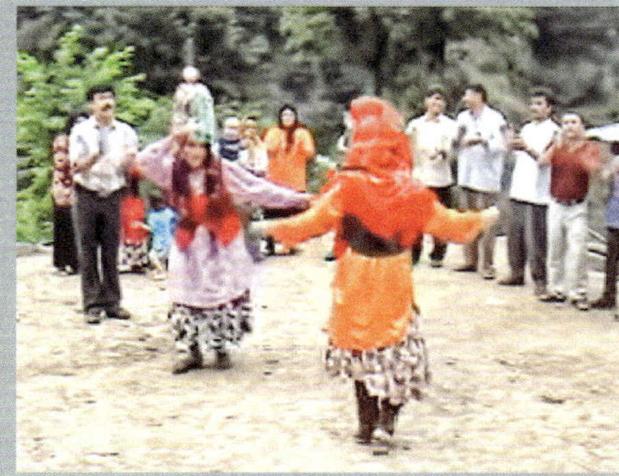

Iranischer Volkstanz (Filmstills) / Iranian folk dance (film stills)

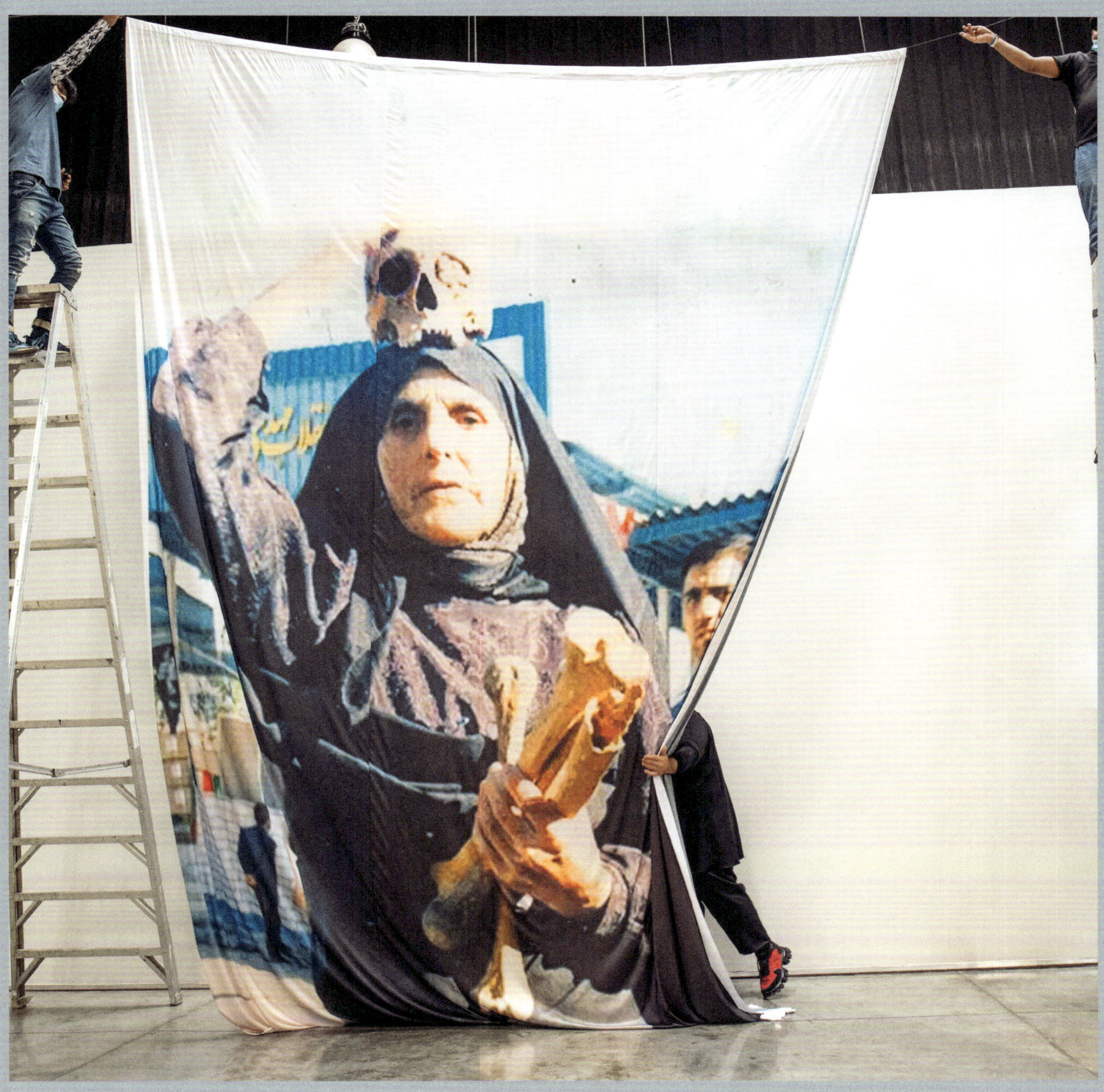

My Son, My Crown, 2020

(Found image: The remains of a missing soldier, Mohammad-Sadeq Rezaei, are returned to his mother, Malika, ten years after the Iran-Iraq War.)

Malika: "They told me that the remains of eighty soldiers had been returned after ten years. I found my son, Mohammad, that day. I asked them to open the coffin containing the remains that were said to be his. My son had two identifiable marks. One was the four lines he had asked me to sew on his undershirt before he left for war. I dusted off his shirt and recognized the fading lines on the shirt. The second mark was the scar on his skull from the time he had fractured it in the fourth grade. I placed his skull on my head and held my son's hand in mine. Then I asked the photographer, 'Aren't you going to take a picture of me and my son?'"

My Son, My Crown is a powerful, poignant image that moved us. It resonated with our lives and practice on many levels. We realized that Malika's placement of her son's skull on her head is as much a display of grief as it emulates the celebratory gesture of the Lamp Dance, a folk dance from the Caspian Sea, the area where she is from. The coexistence of grief and joy manifested in this mother's reaction arises from a deep-rooted primal nature that we believe transcends culture. We see the same intensive processing in our work as the result of the landscape of the environment we grew up in. Being children of war, the fear of escaping missiles and bombs flying over Tehran as we took refuge in underground shelters is also veiled by a certain joy. We remember how these escapes have marked us with happy thrills of these wartime neighborhood gatherings—memorable, intense moments. This complex nature of processing is integrated in the nested system that forms the landscape of our show.

Ramin Haerizadeh, Rokni Haerizadeh, and Hesam Rahmanian in collaboration with Nazli Ghassemi

40

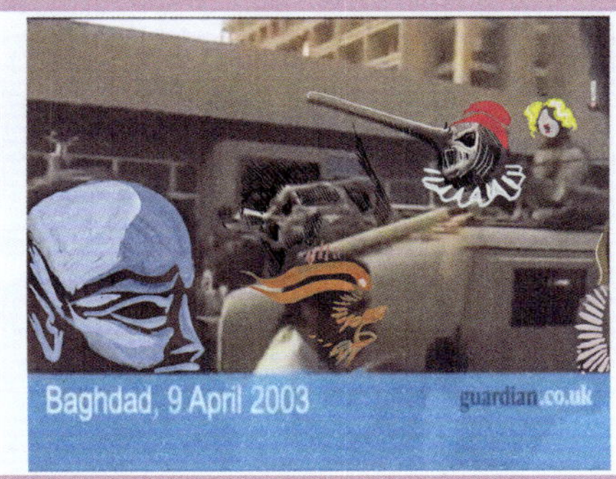

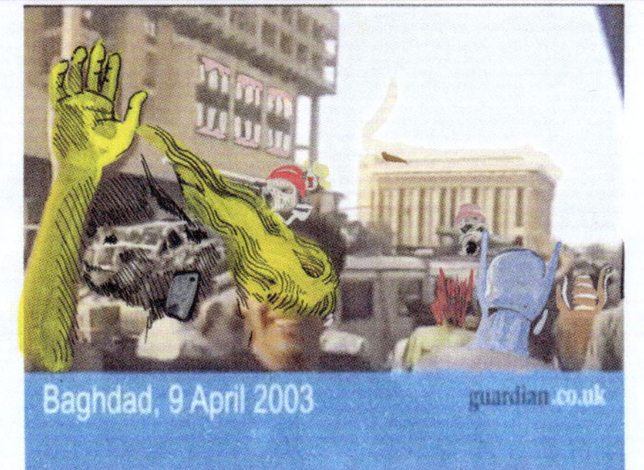

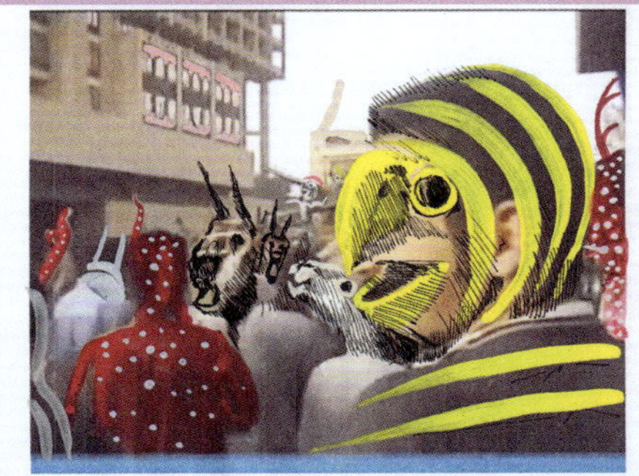

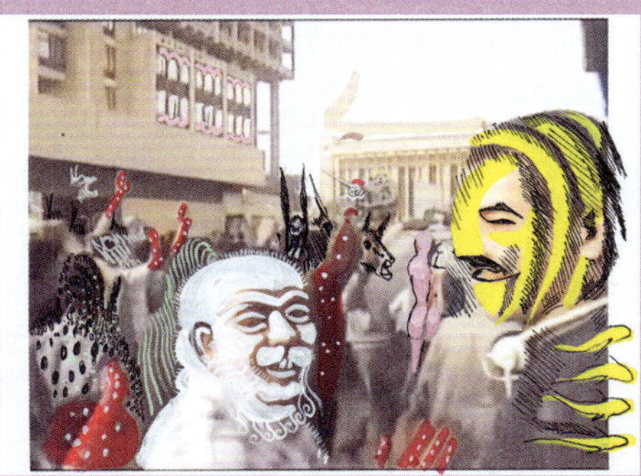

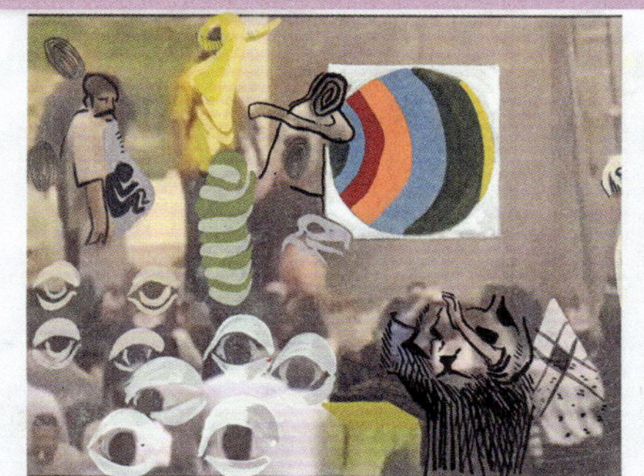

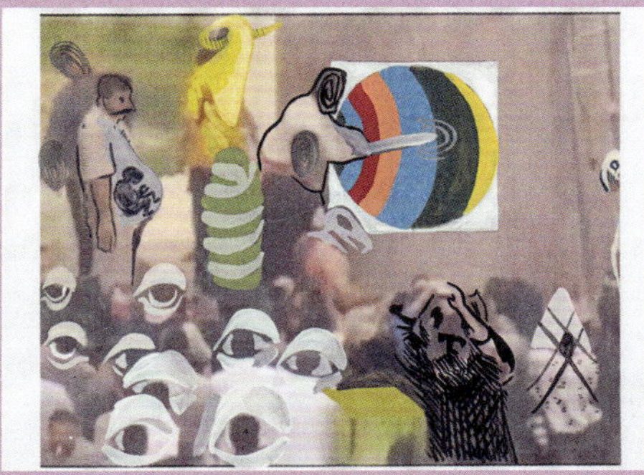

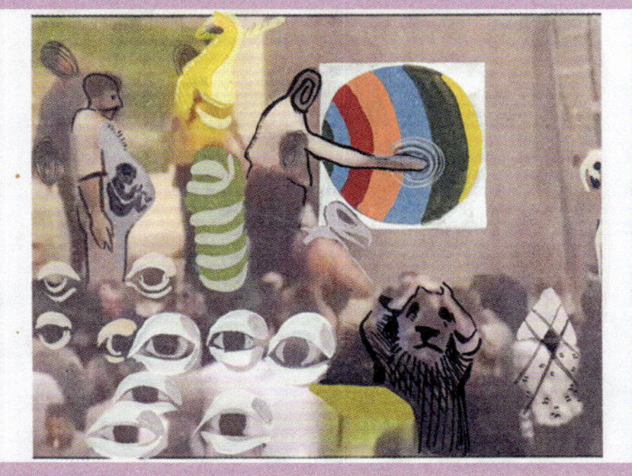

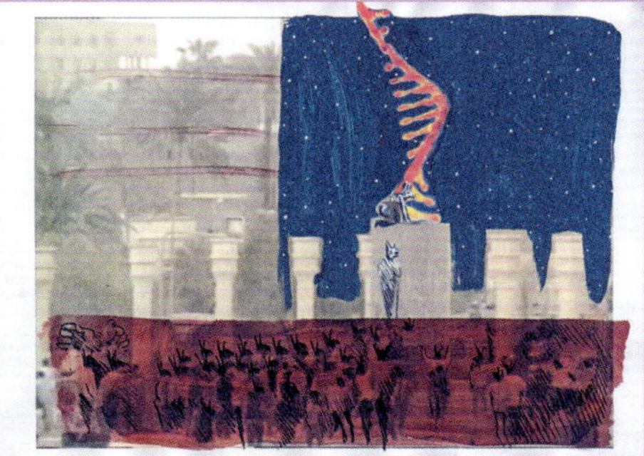

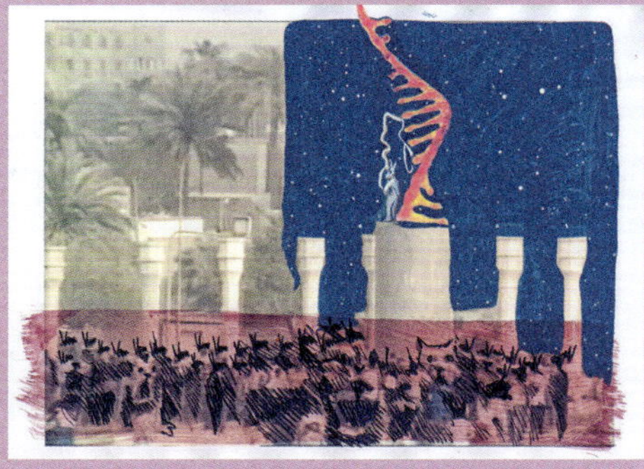

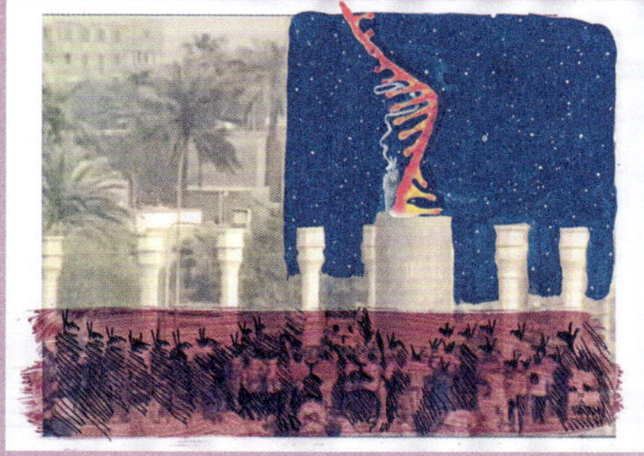

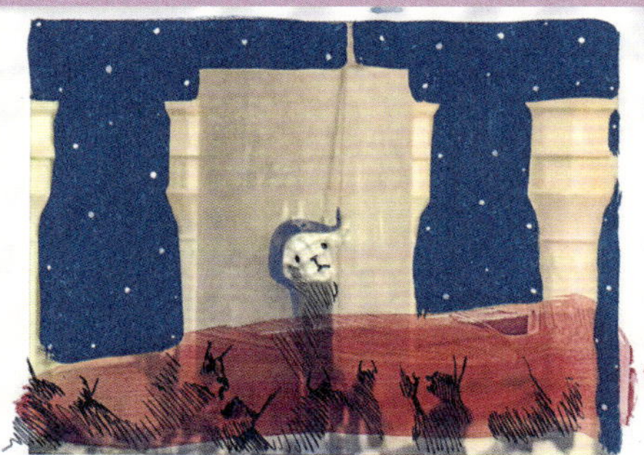

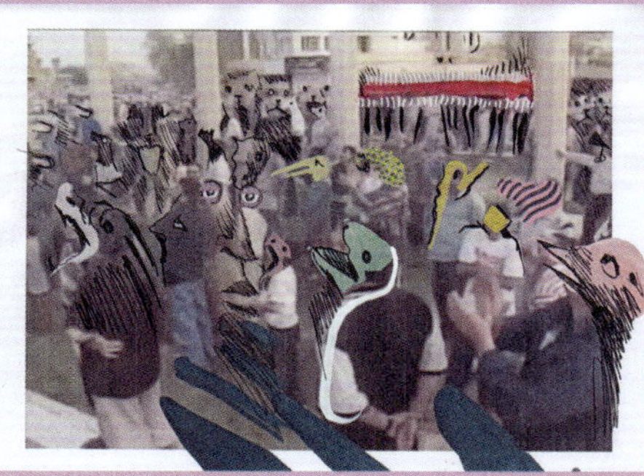

If I Had Two Paths I Would Choose the Third, 2020

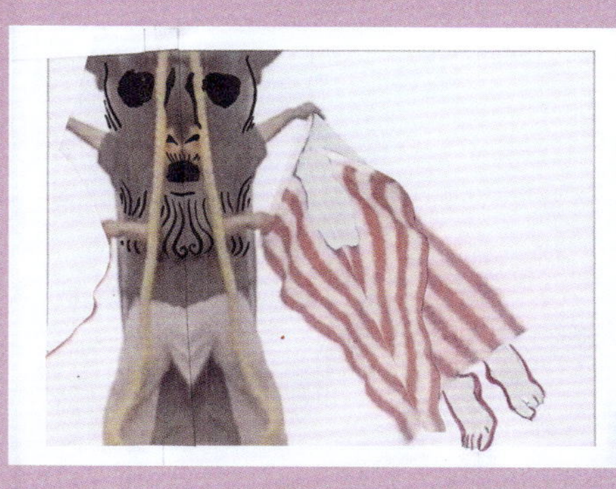

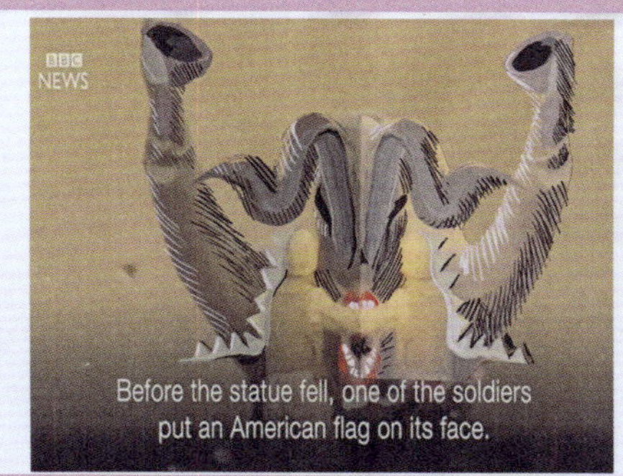
BBC NEWS
Before the statue fell, one of the soldiers
put an American flag on its face.

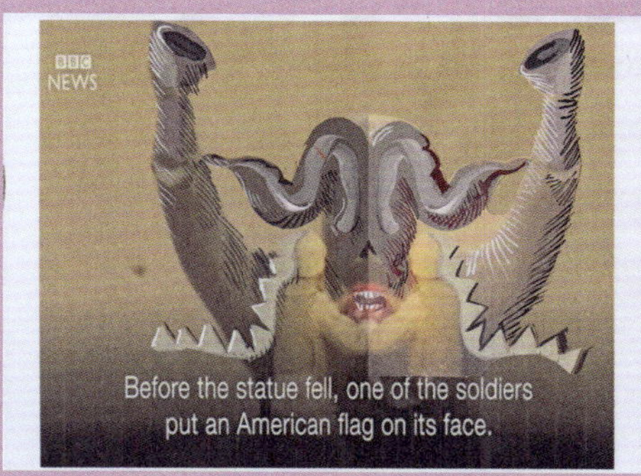
BBC NEWS
Before the statue fell, one of the soldiers
put an American flag on its face.

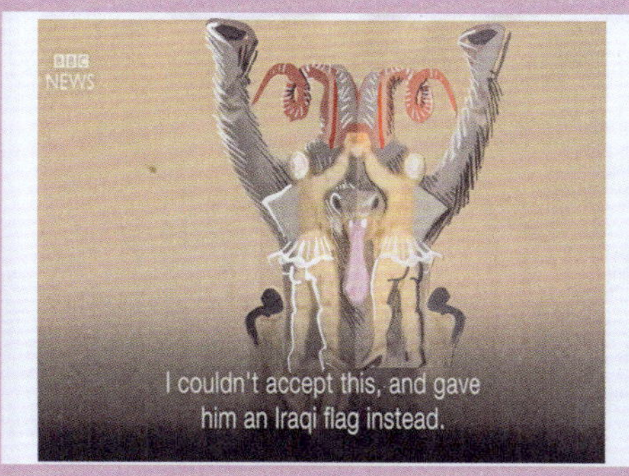
BBC NEWS
I couldn't accept this, and gave
him an Iraqi flag instead.

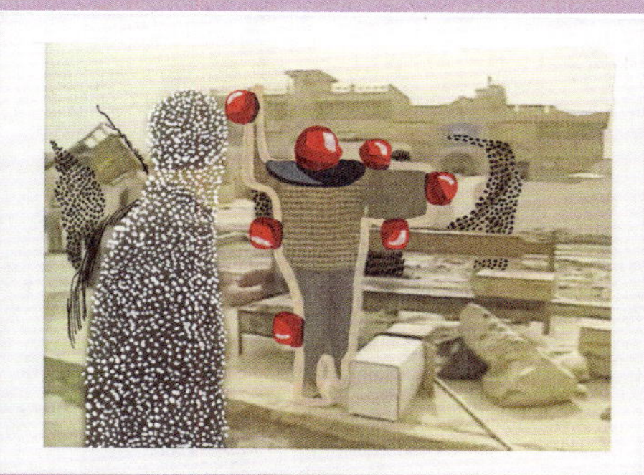

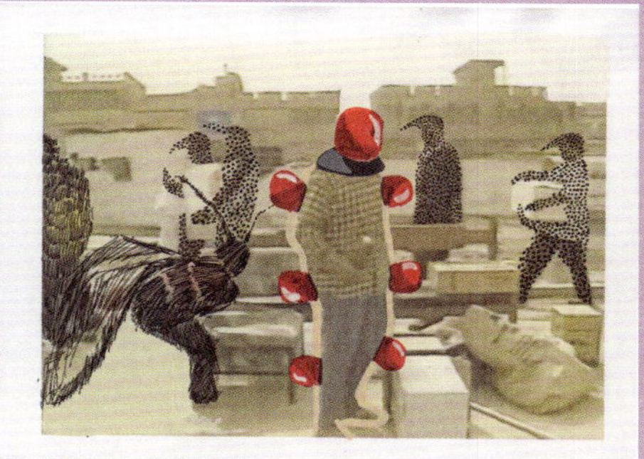

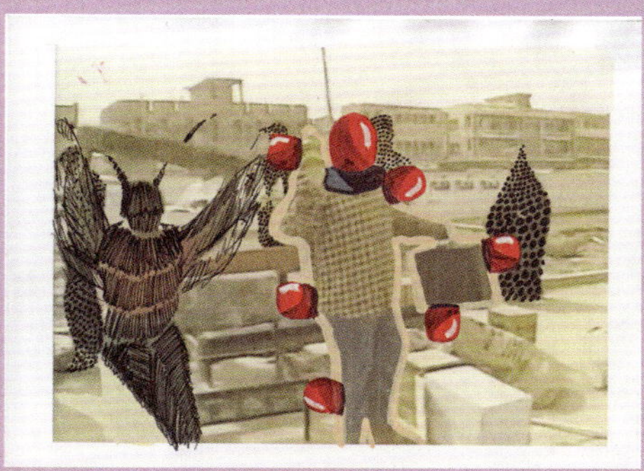

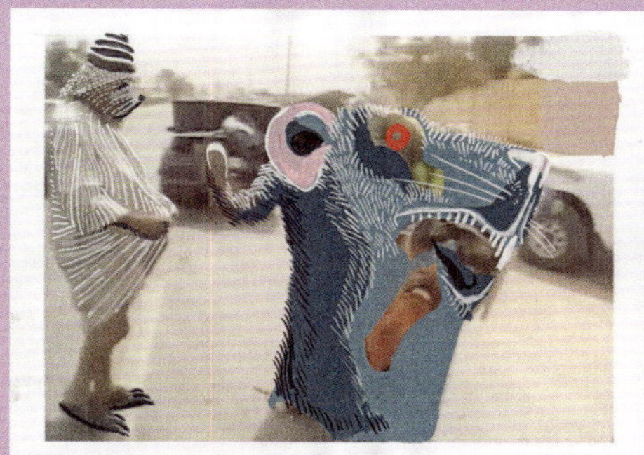

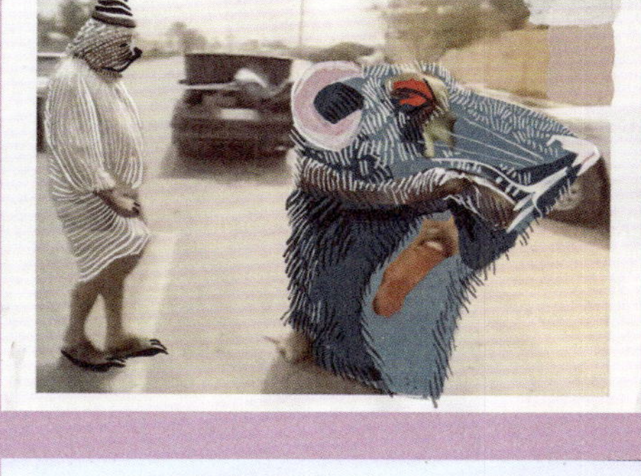

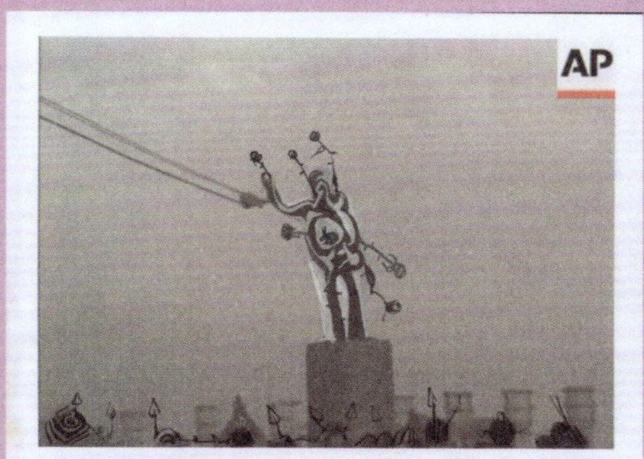
AP

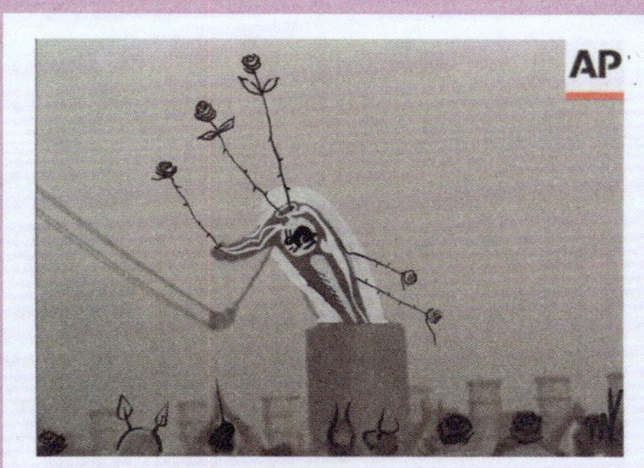
AP

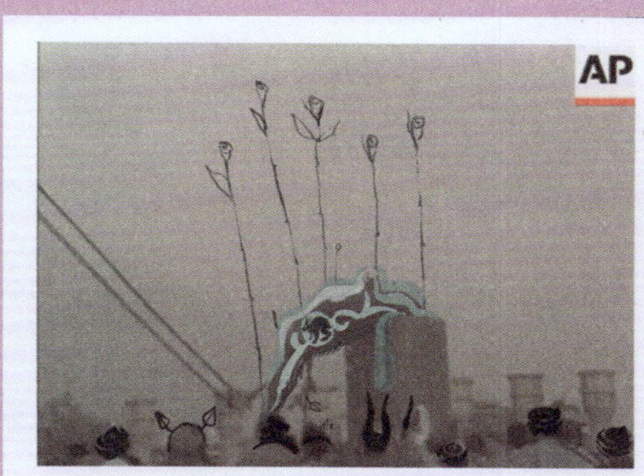
AP

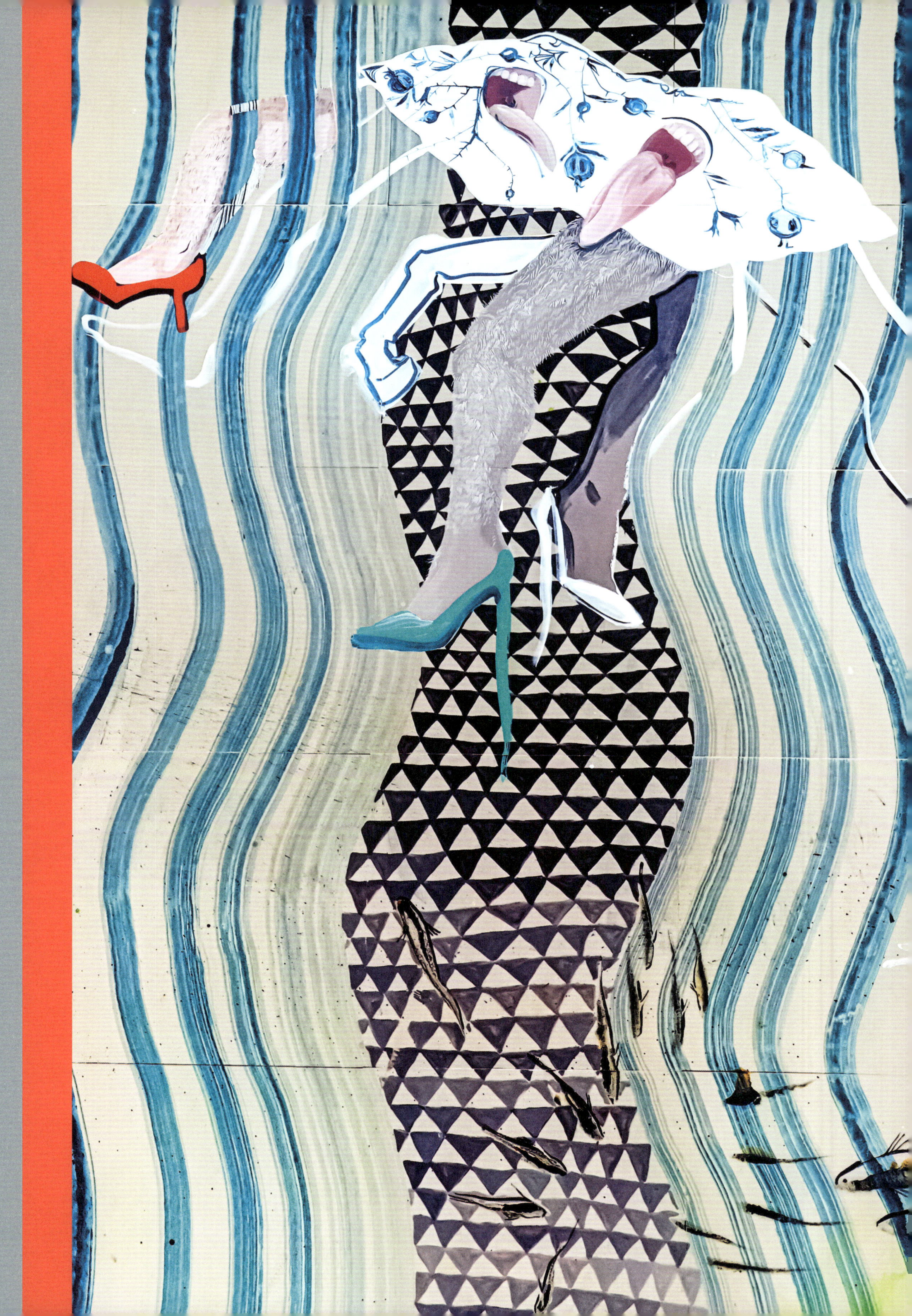

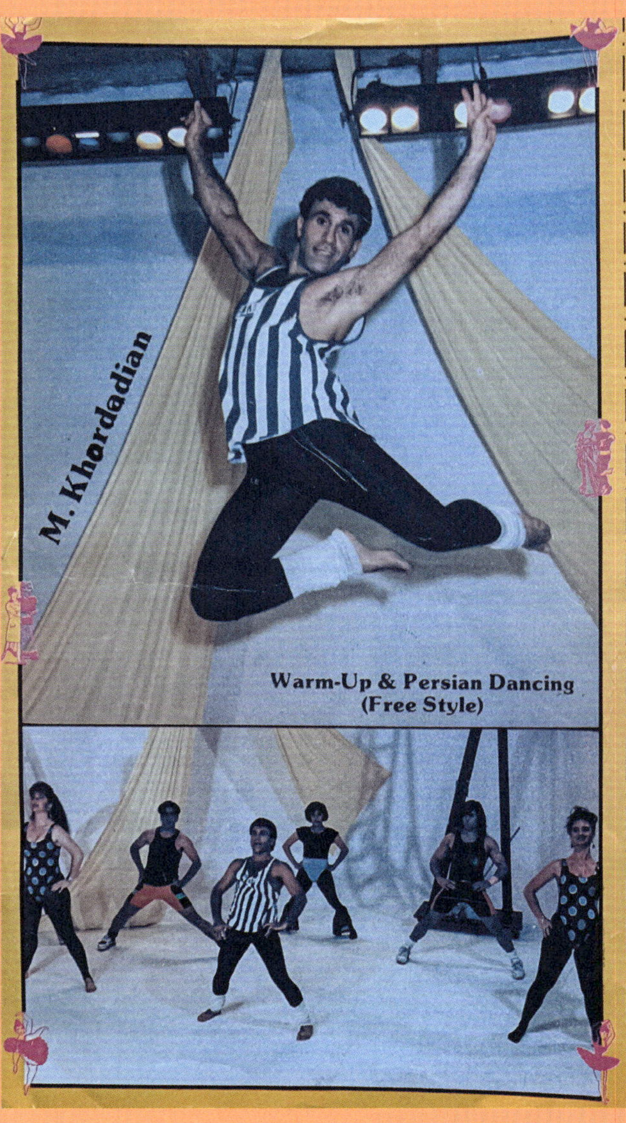

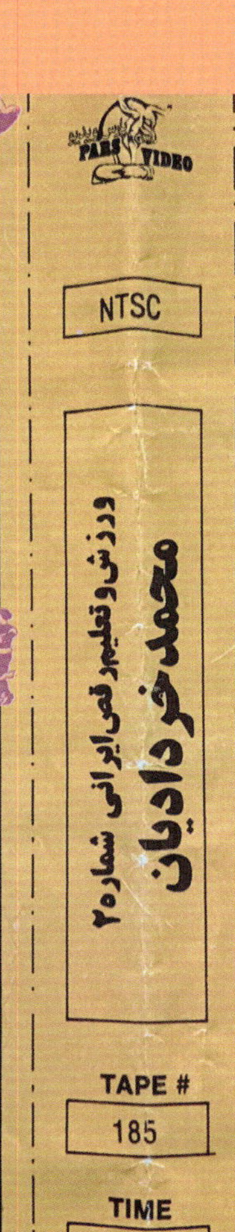

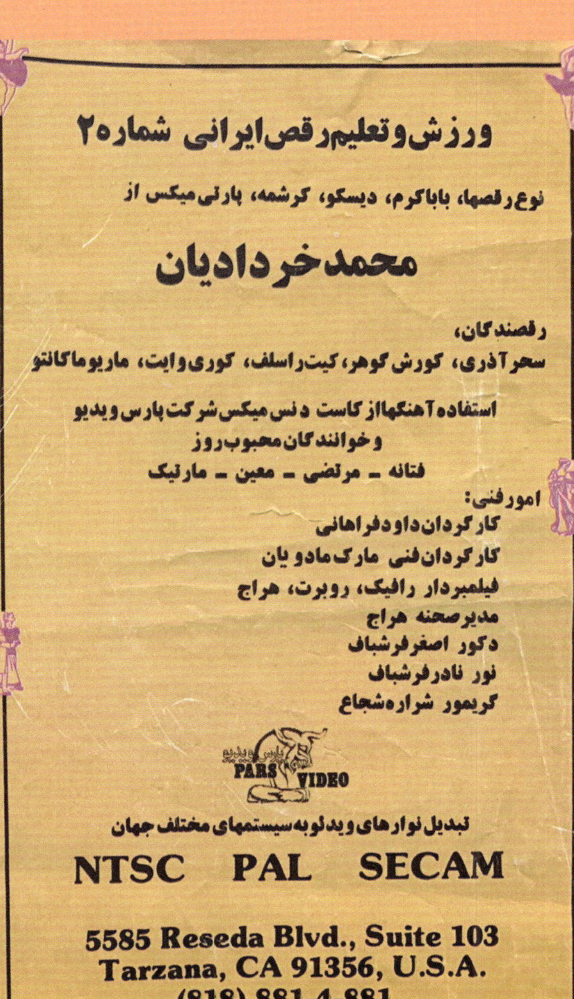

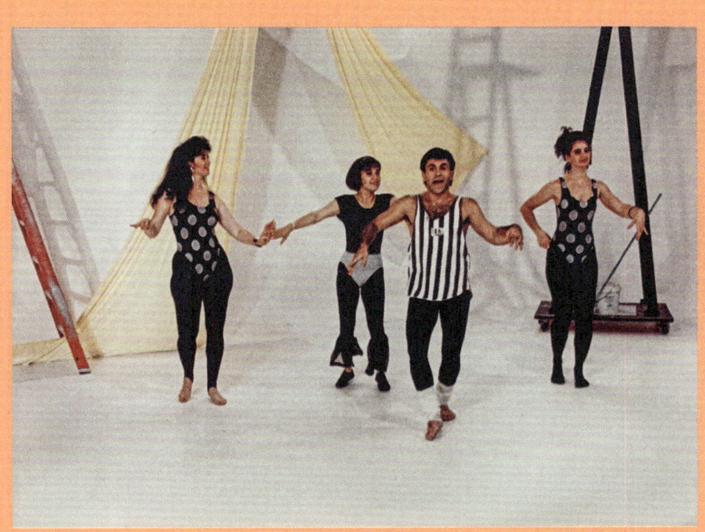

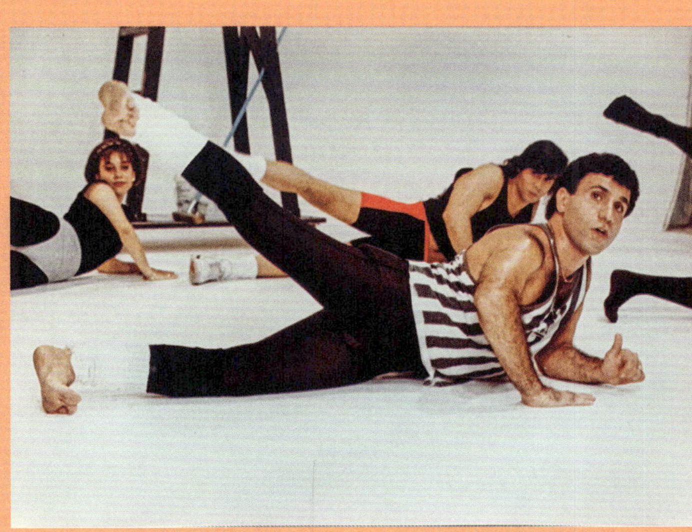

Dance After the Revolution, 2020

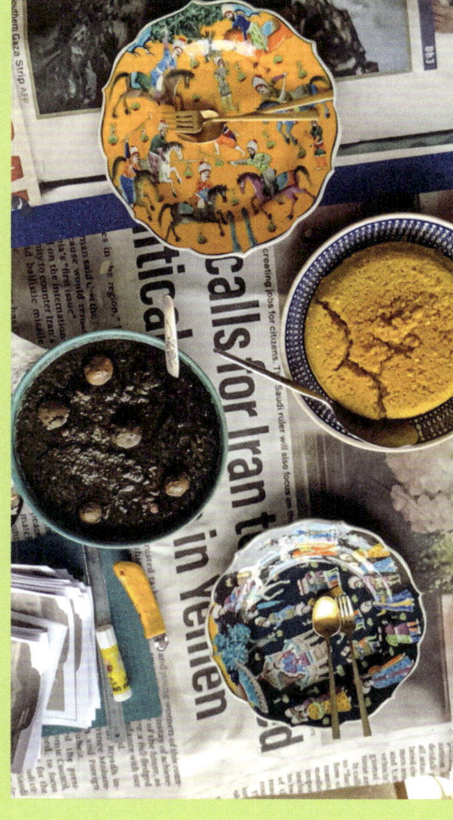

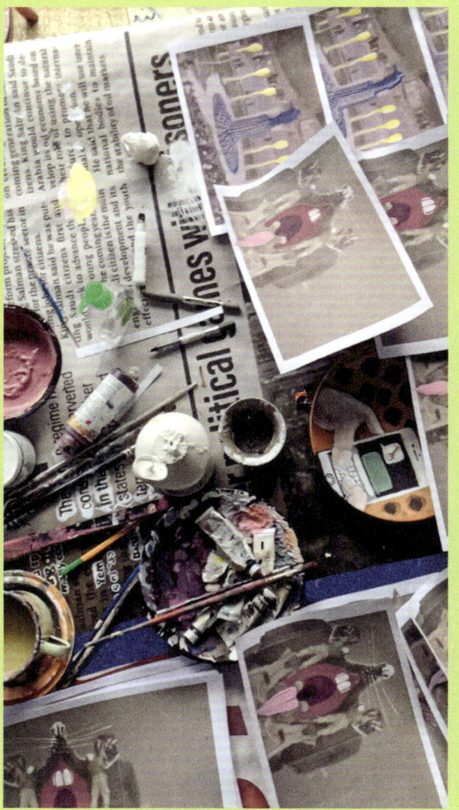

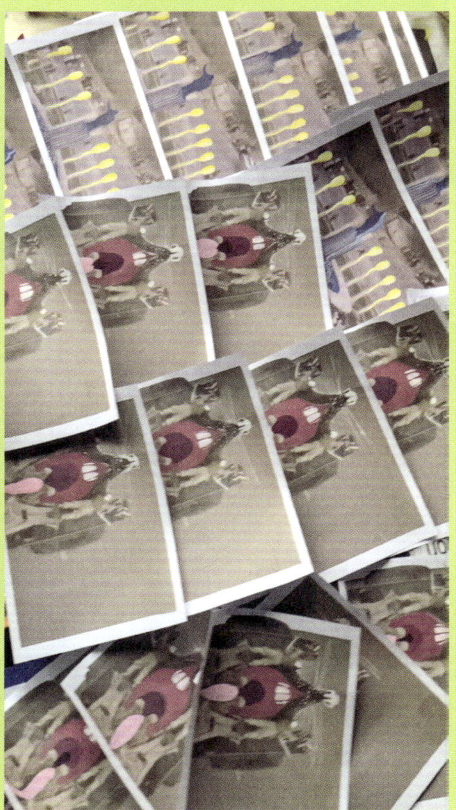

From March to April . . . 2020, 2020

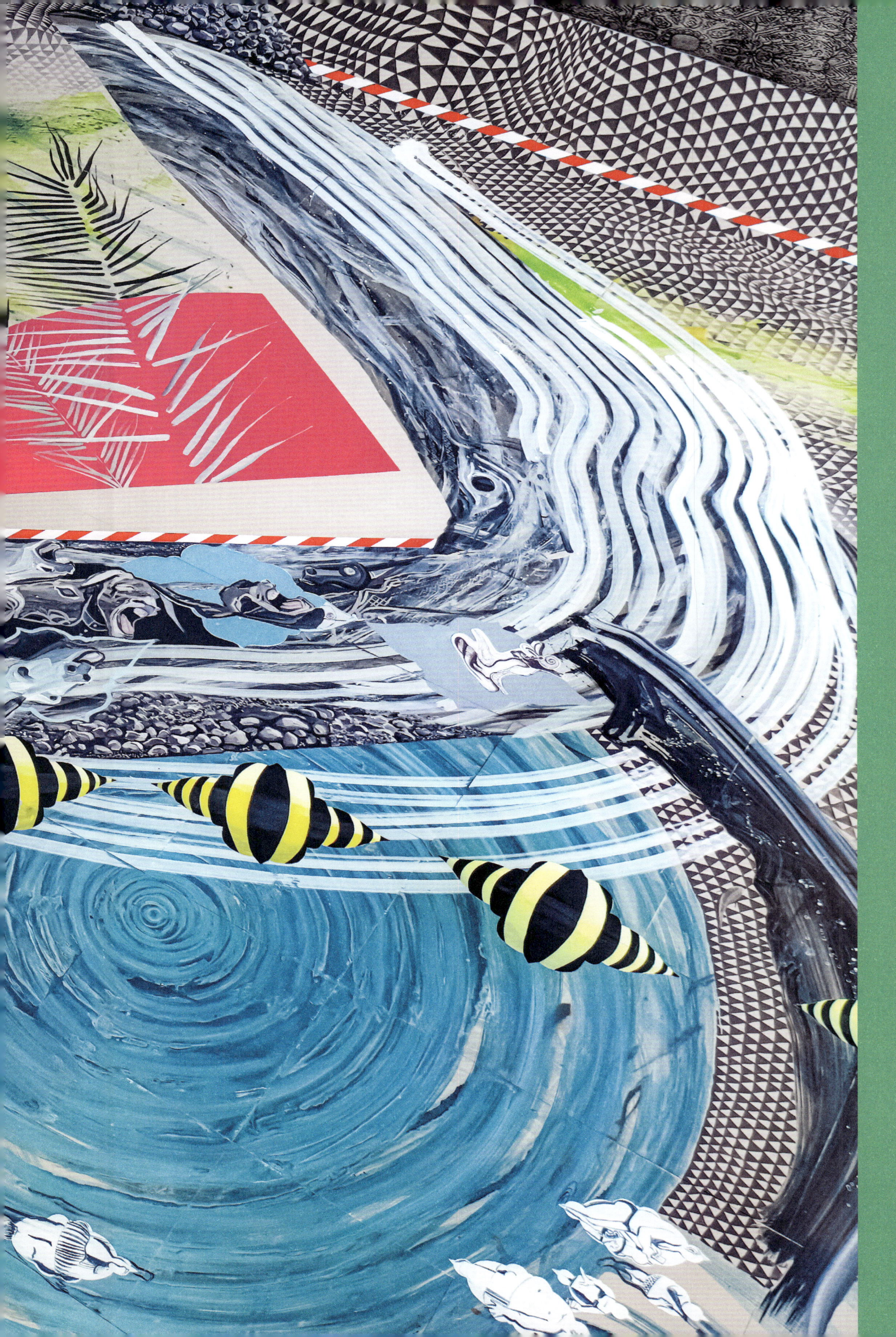

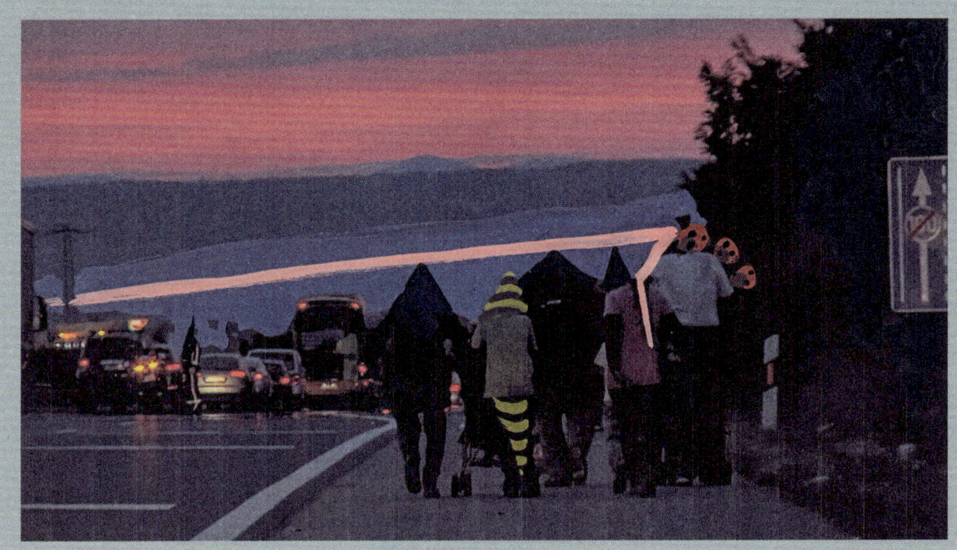

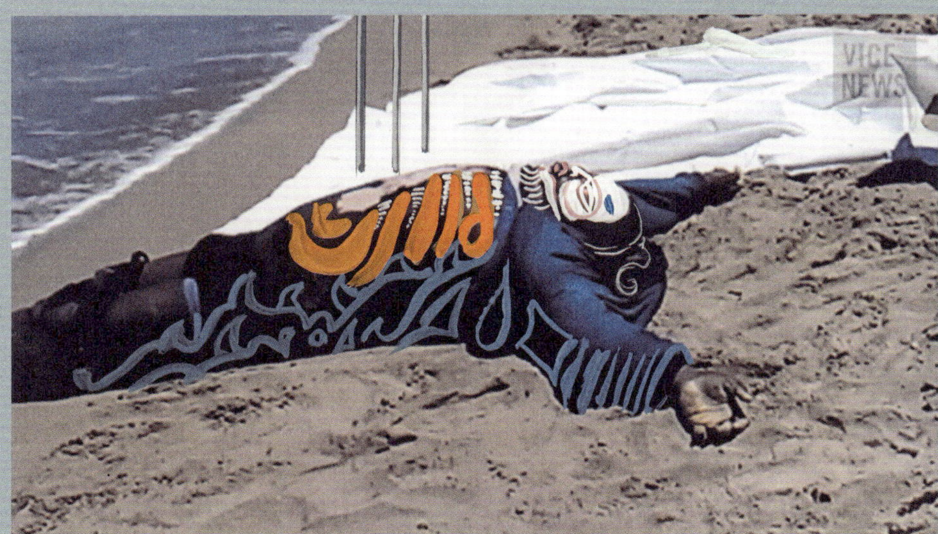

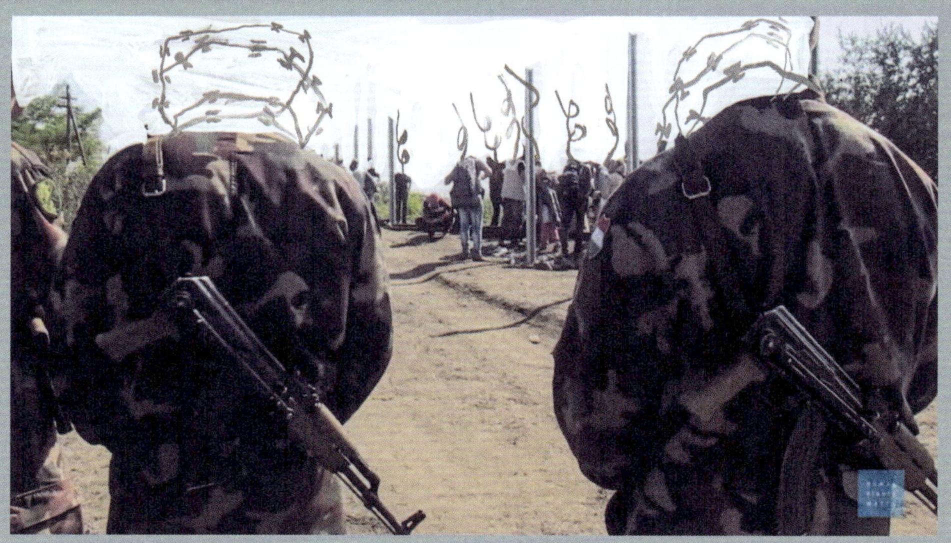

From Sea to Dawn, 2016/17

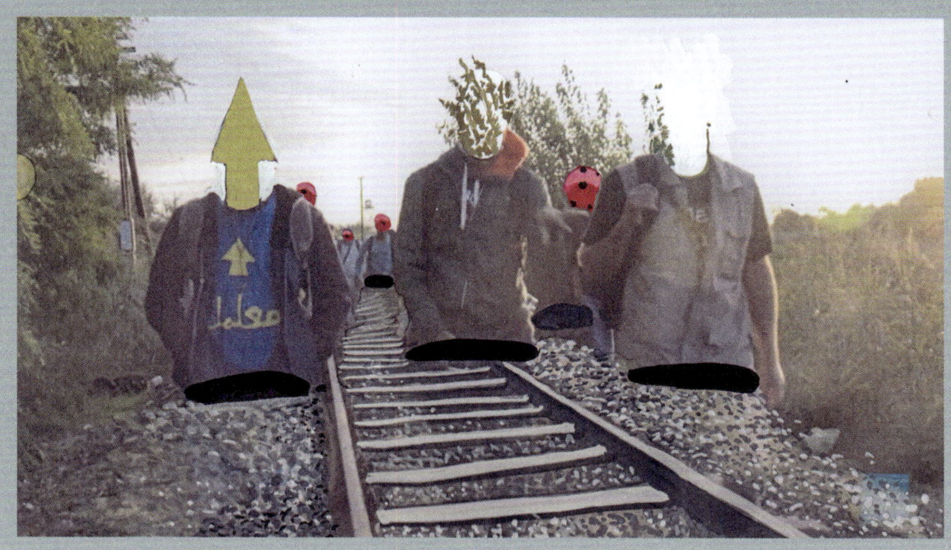

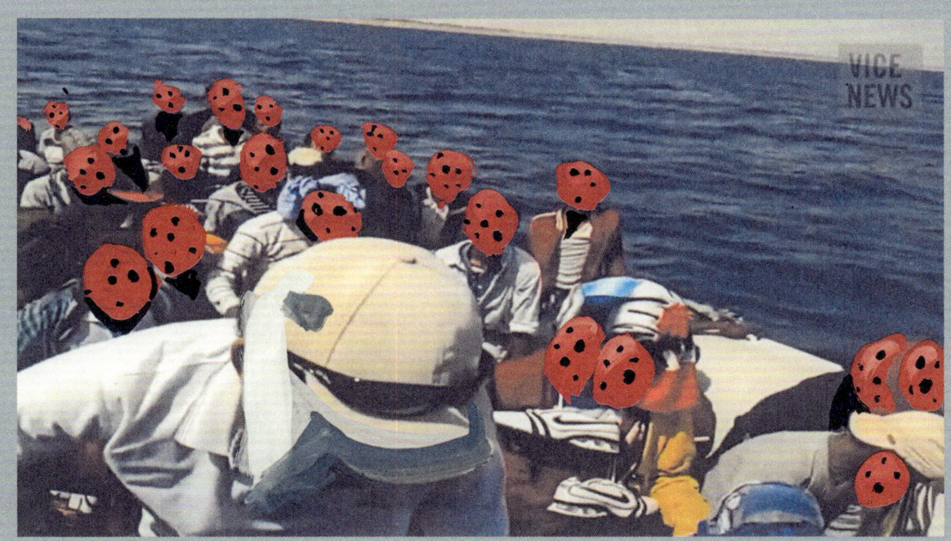
VICE
NEWS

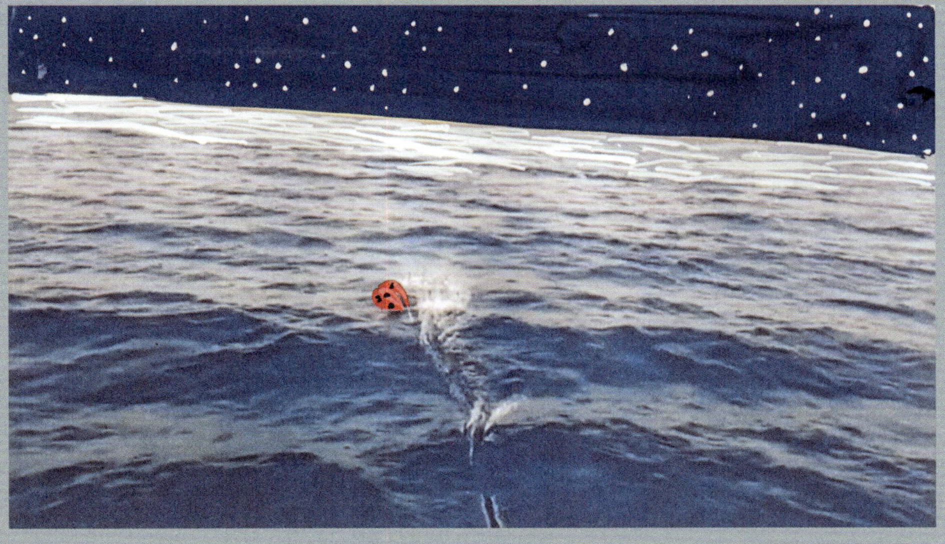

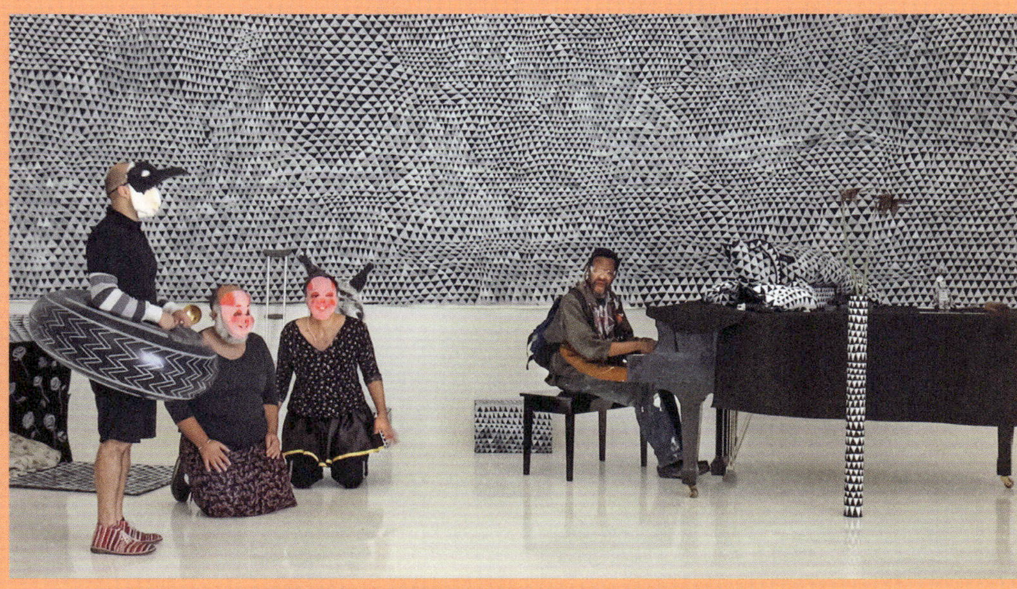

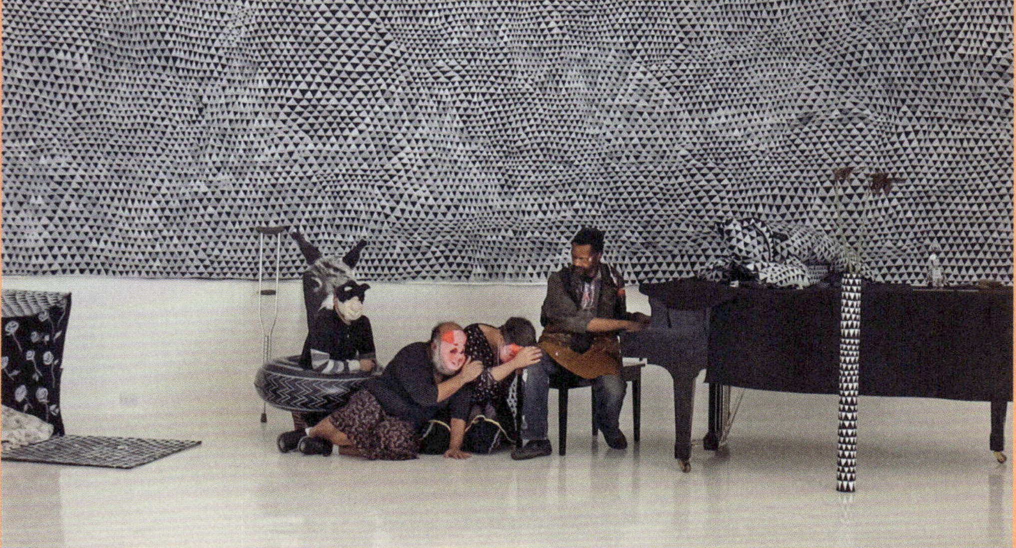

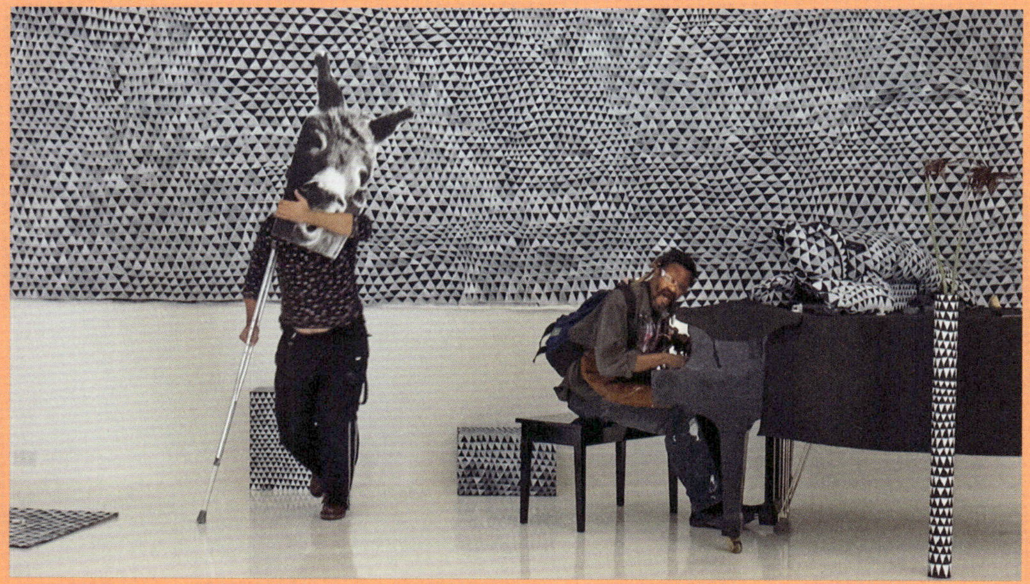

We Are the Eighth of a Kind, 2014

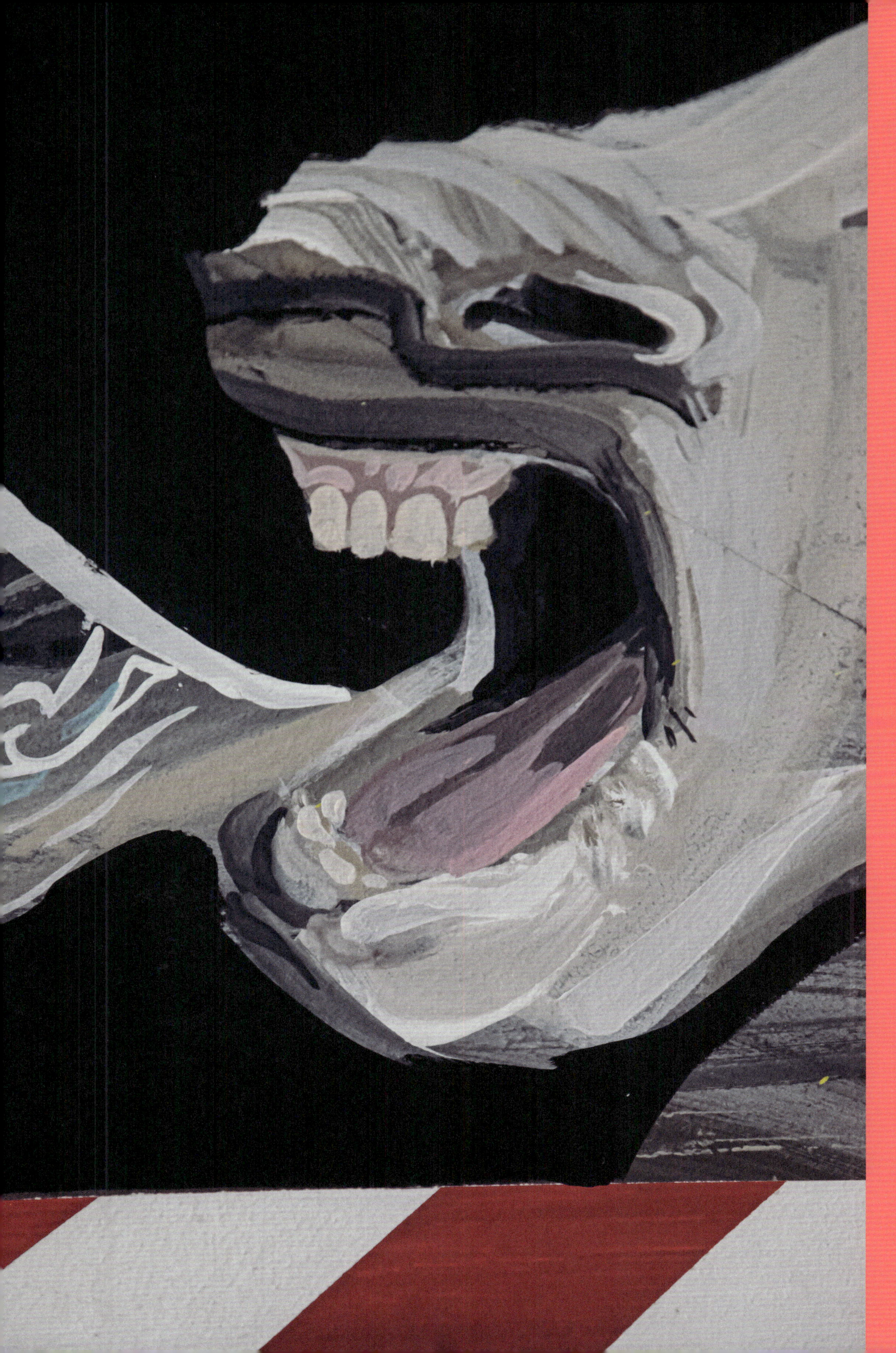

Memories Well Up from the Heart and Draw a Curtain on the Eye

Memories Well Up from the Heart and Draw a Curtain on the Eye speist sich aus dem Teich der Sprache, einer der Strategien unserer künstlerischen Praxis. Dieser besondere Brunnen entstand, indem wir aus bestimmten Einflüssen in unserem Leben geschöpft haben: Krieg und die vom Krieg zurückgelassenen Trümmer, die dazugehörige Recherche, Literatur und Archivmaterial. Seine endgültige Form erhielt er dann in einer choreografierten, tanzähnlichen Gemeinschaftsarbeit mit einer vielfältigen Gruppe von Mitwirkenden – wie auch unsere anderen Projekte, an denen Tischler, Schneider, Elektriker, Keramiker und weitere gelernte und ungelernte Kräfte mitarbeiten. Wir verstehen den künstlerischen Prozess, die kollaborative Arbeit und das daraus resultierende Objekt als ein zusammenhängendes System, das sich über das gesprochene Wort hinaus vermittelt.

Ramin Haerizadeh, Rokni Haerizadeh und Hesam Rahmanian in Zusammenarbeit mit Nazli Ghassemi

Memories Well Up from the Heart and Draw a Curtain on the Eye falls under the Pond of Language, one of the strategies in our practice. This particular fountain has come into being by our drawing on certain influences in our lives: war, debris of war, the corresponding research, literature, and archival material that was then conceived in this final form in a choreographed, dance-like collaboration with a diverse group of participants—as in our other projects, in which carpenters, tailors, electricians, ceramists, and other skilled and unskilled people take part. We think of the process, the collaboration, and the object as an interconnected system that translates beyond the spoken word.

Ramin Haerizadeh, Rokni Haerizadeh, and Hesam Rahmanian in collaboration with Nazli Ghassemi

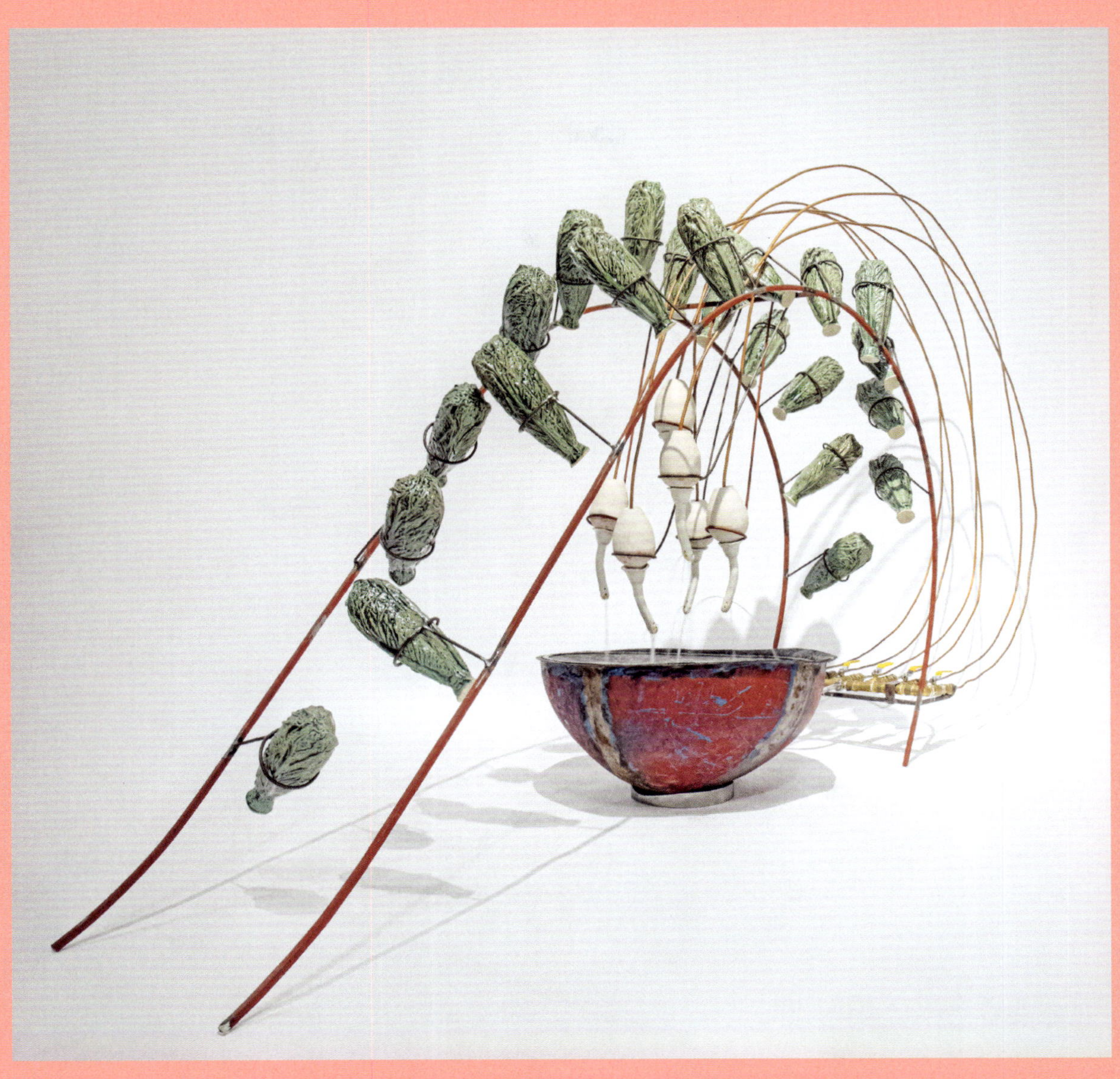

***Memories Well Up from the Heart and Draw a Curtain on the Eye*, 2019**

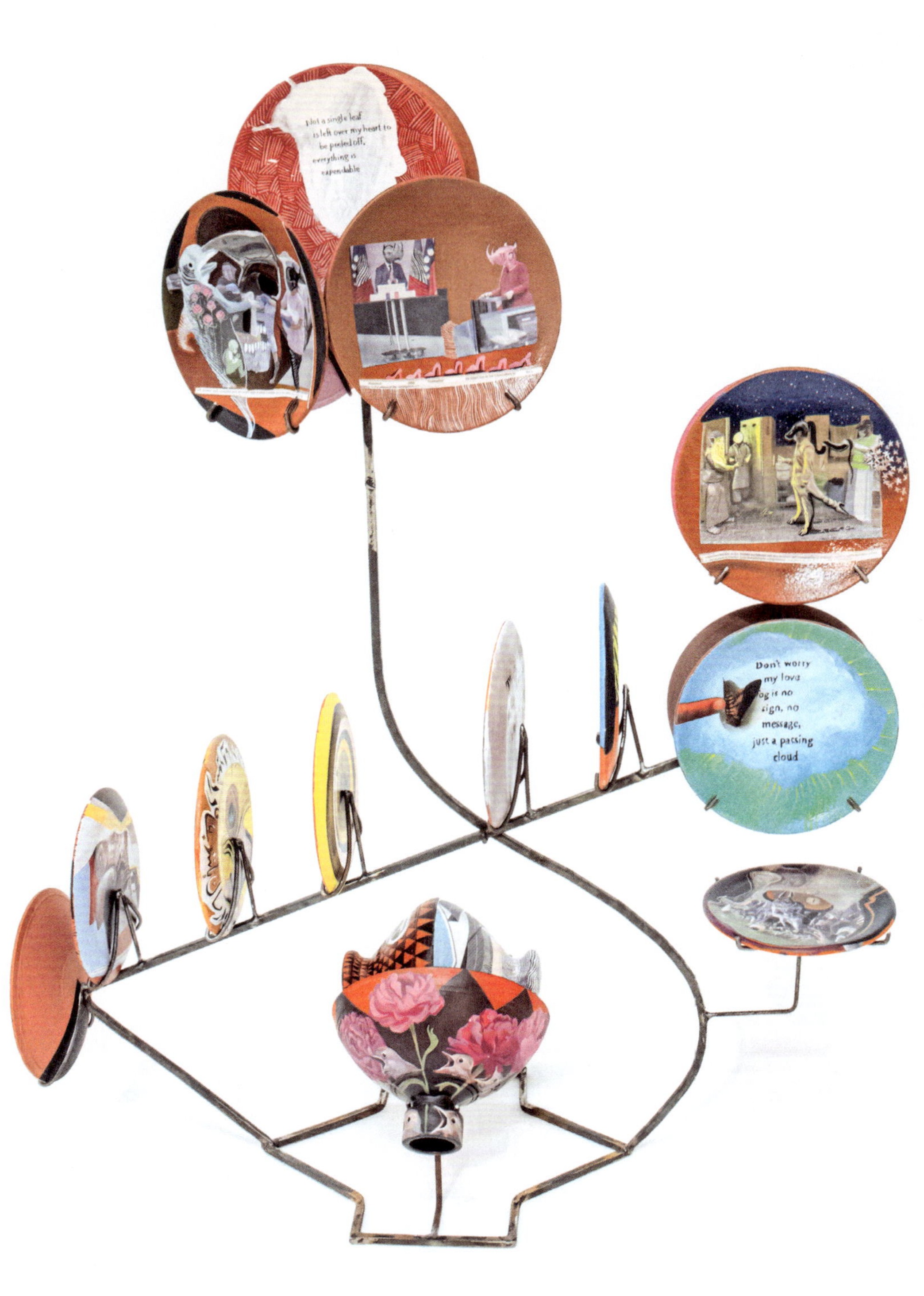

Alluvium, March–June 2020, 2020

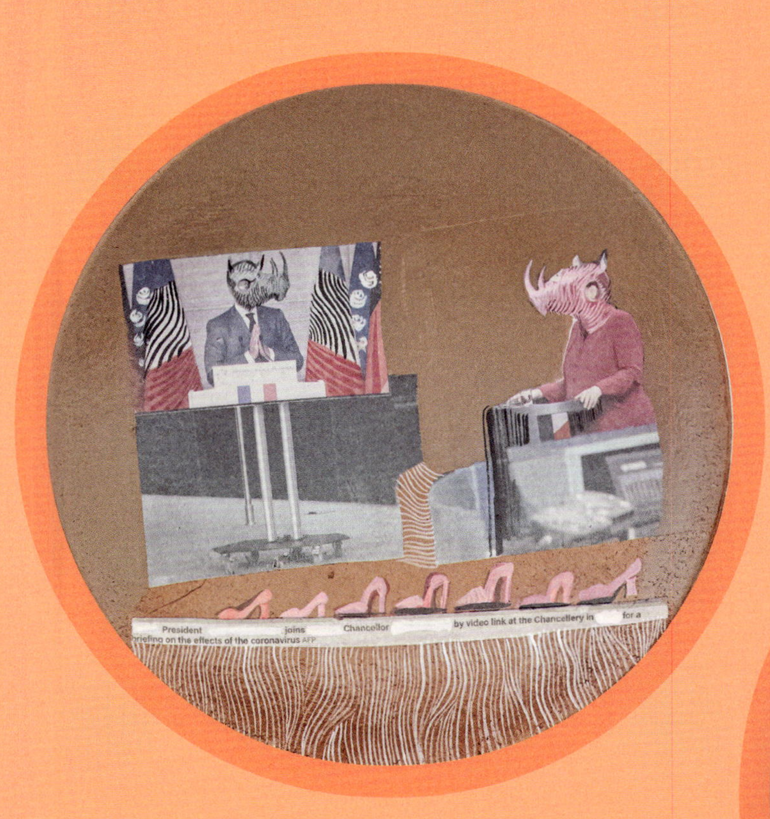

President joins Chancellor by video link at the Chancellery in for a
briefing on the effects of the coronavirus AFP

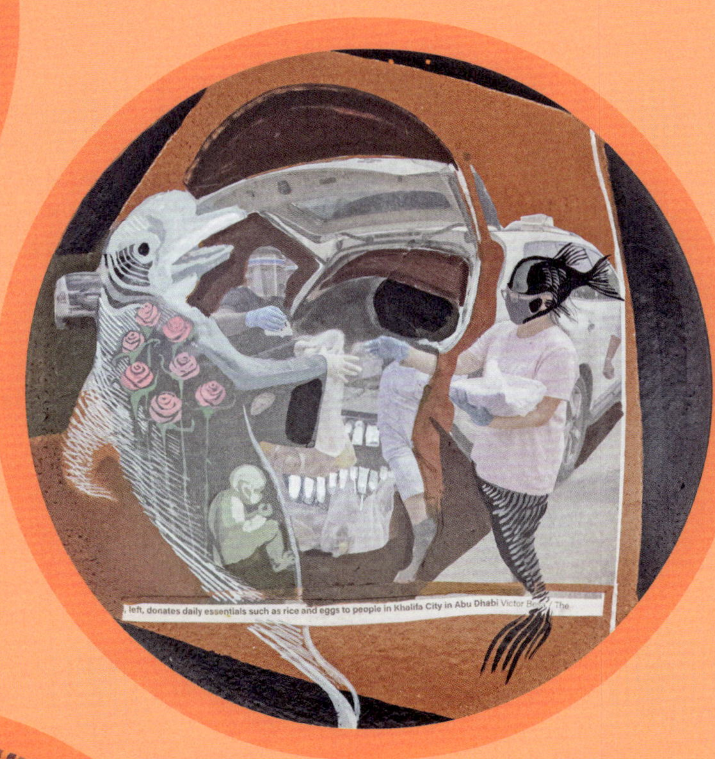

, left, donates daily essentials such as rice and eggs to people in Khalifa City in Abu Dhabi

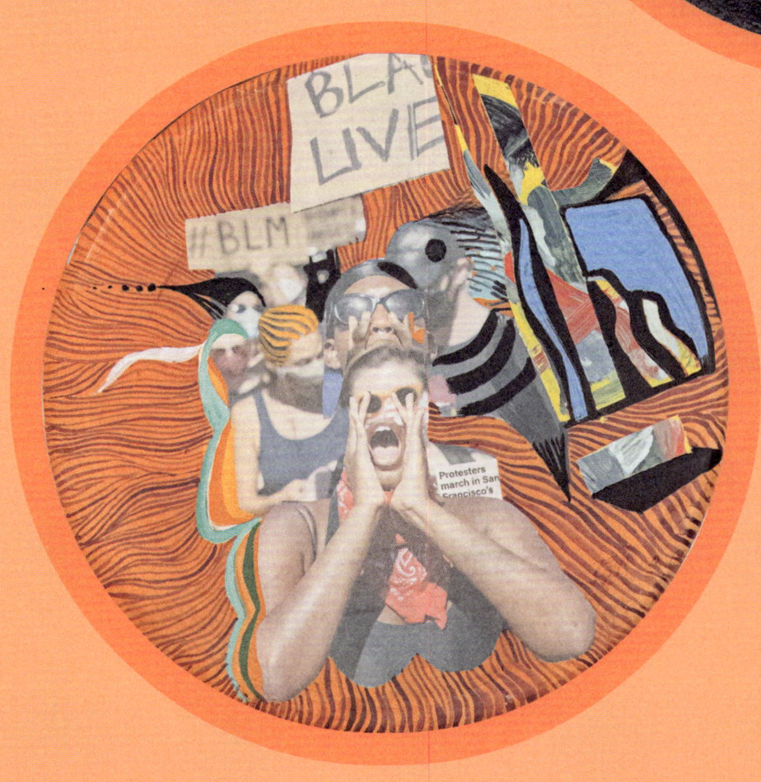

BLA
LIVE
#BLM
Protesters
march in San
Francisco's

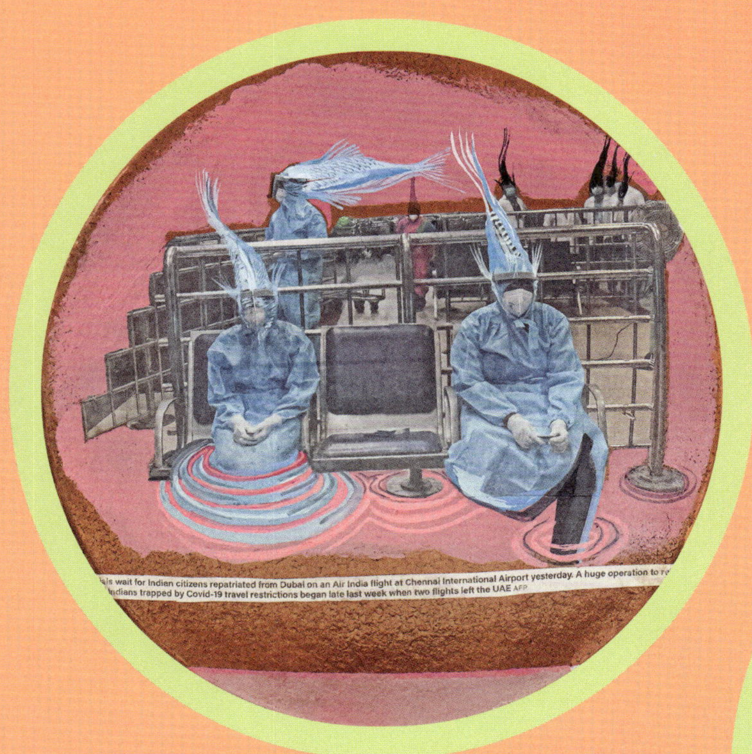
wait for Indian citizens repatriated from Dubai on an Air India flight at Chennai International Airport yesterday. A huge operation to
Indians trapped by Covid-19 travel restrictions began late last week when two flights left the UAE AFP

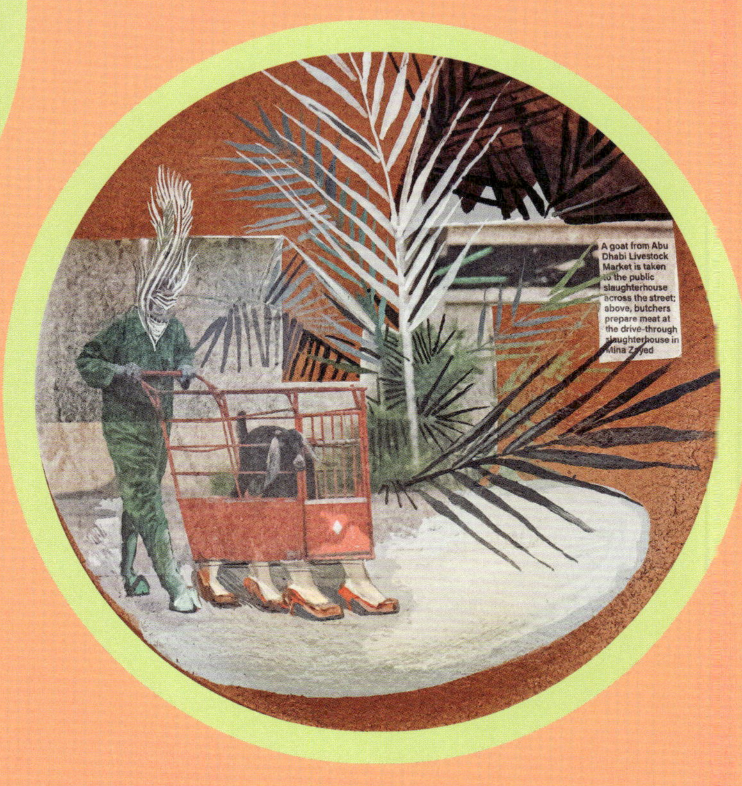
A goat from Abu Dhabi Livestock Market is taken to the public slaughterhouse across the street; above, butchers prepare meat at the drive-through slaughterhouse in Mina Zayed

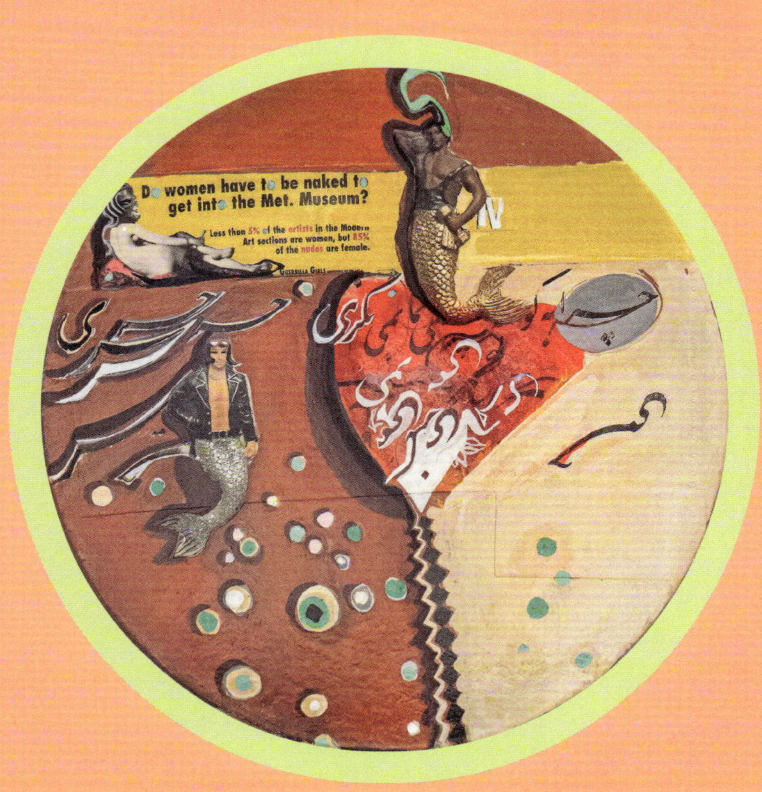
Do women have to be naked to get into the Met. Museum?
Less than 5% of the artists in the Modern Art sections are women, but 85% of the nudes are female.
GUERRILLA GIRLS

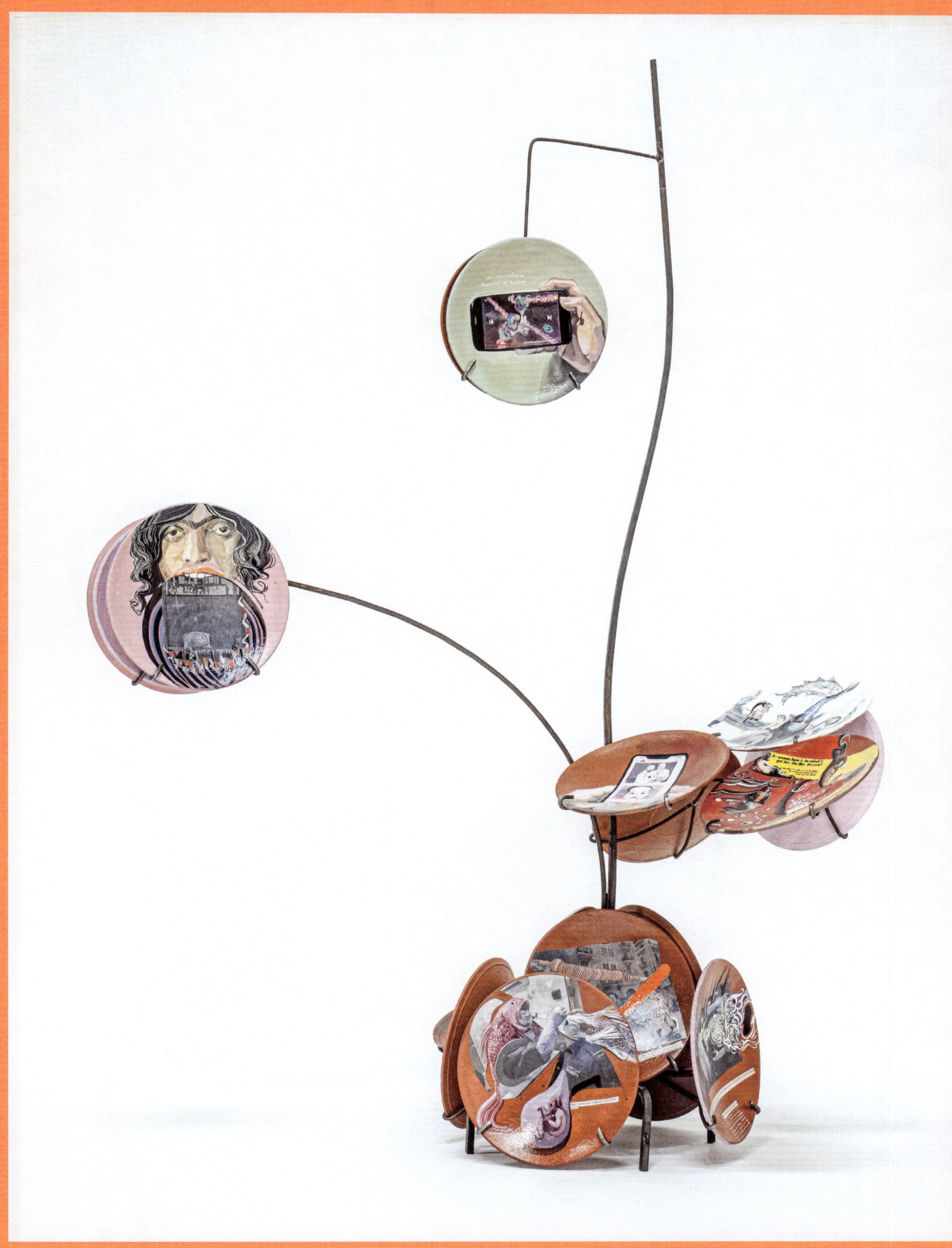

Alluvium, March–June 2020, 2020

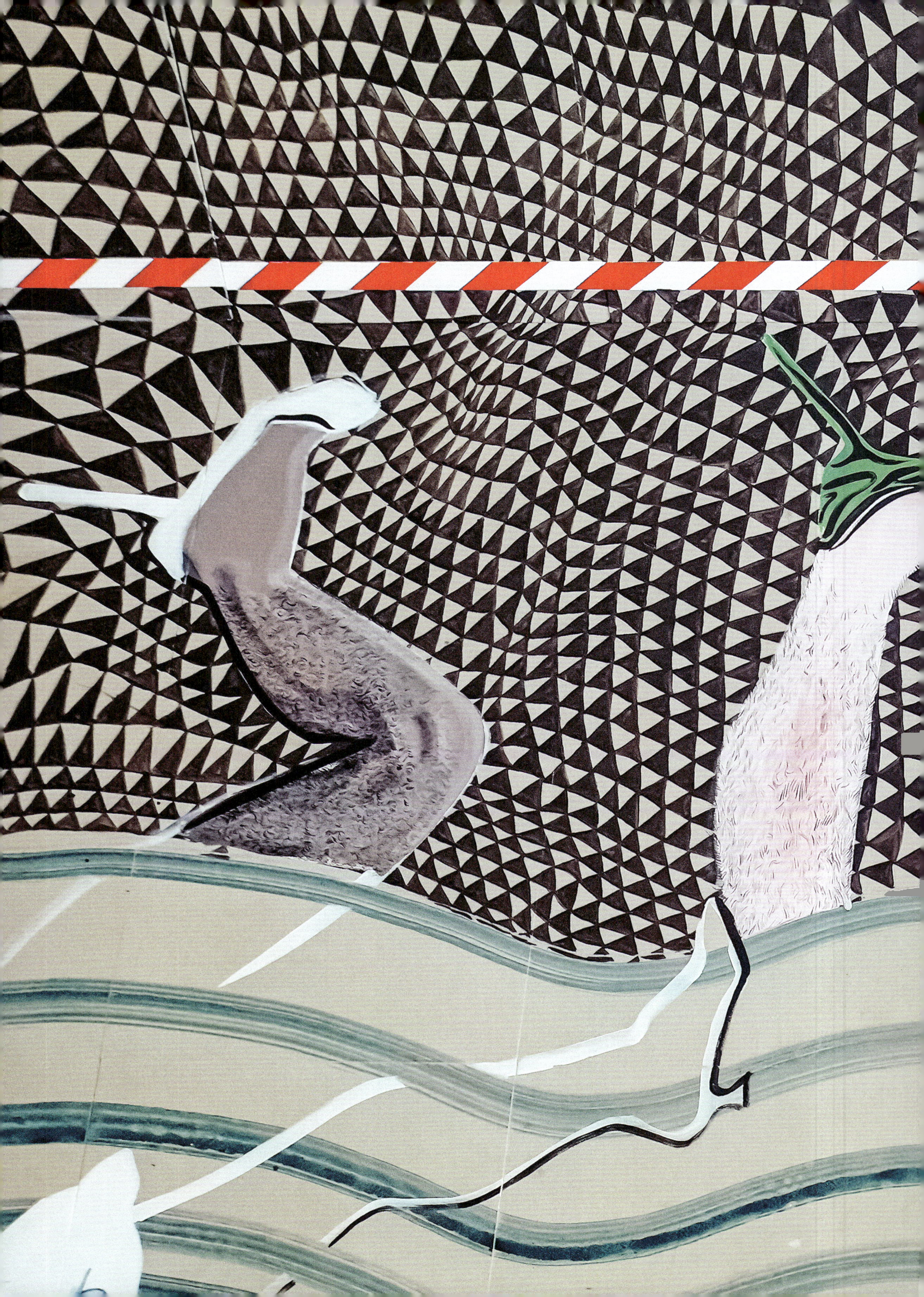

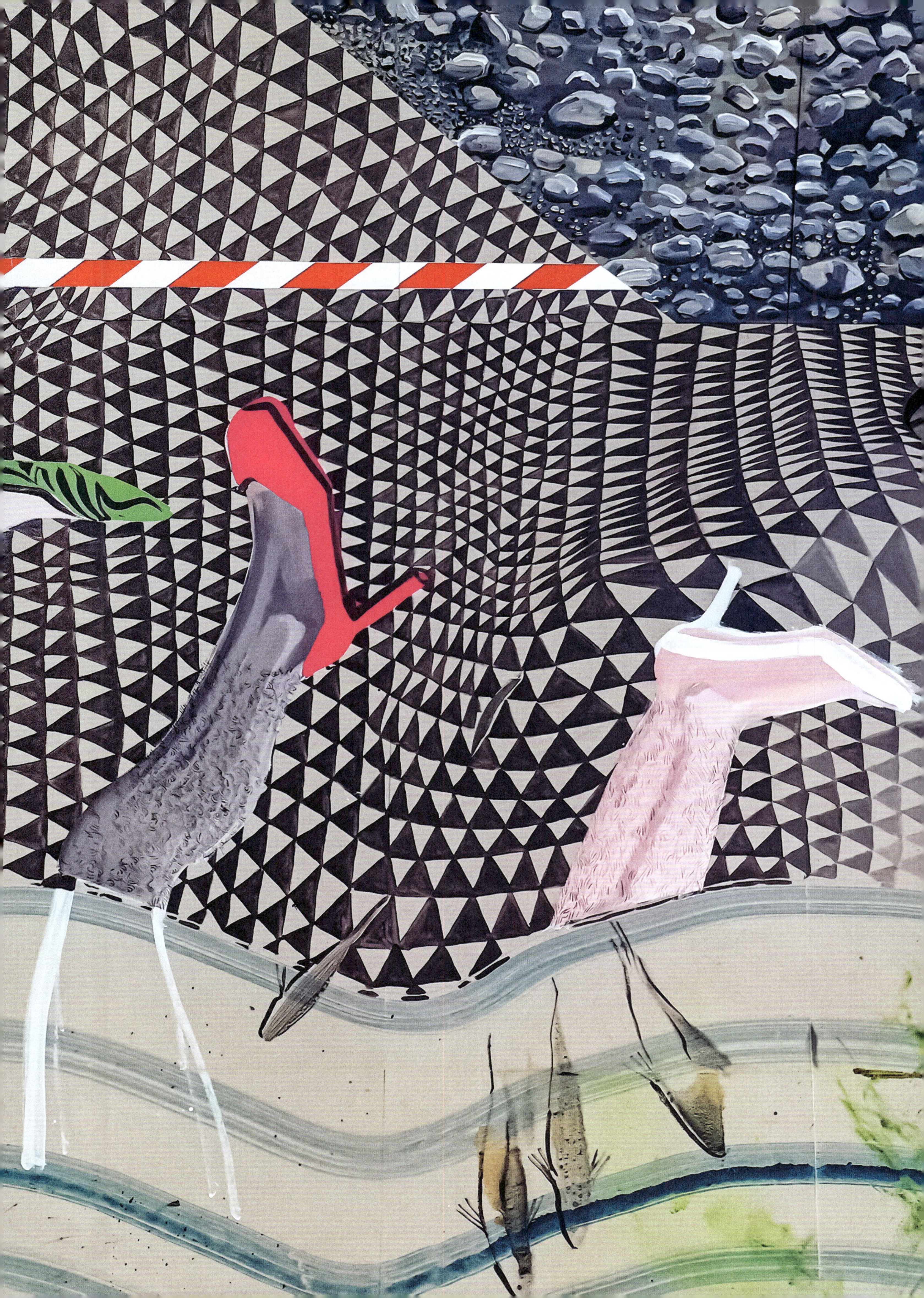

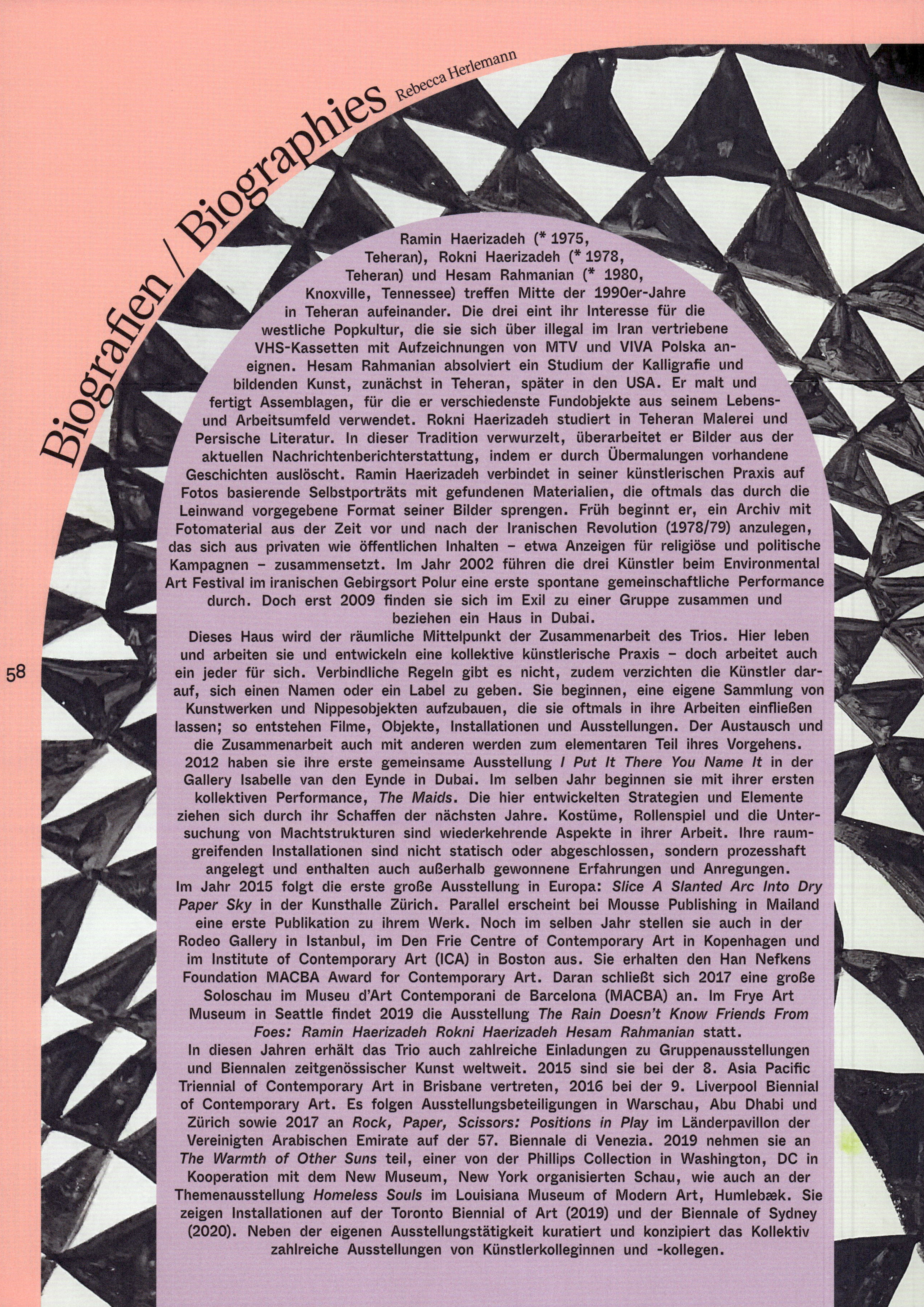

Biografien / Biographies

Rebecca Herlemann

Ramin Haerizadeh (* 1975, Teheran), Rokni Haerizadeh (* 1978, Teheran) und Hesam Rahmanian (* 1980, Knoxville, Tennessee) treffen Mitte der 1990er-Jahre in Teheran aufeinander. Die drei eint ihr Interesse für die westliche Popkultur, die sie sich über illegal im Iran vertriebene VHS-Kassetten mit Aufzeichnungen von MTV und VIVA Polska aneignen. Hesam Rahmanian absolviert ein Studium der Kalligrafie und bildenden Kunst, zunächst in Teheran, später in den USA. Er malt und fertigt Assemblagen, für die er verschiedenste Fundobjekte aus seinem Lebens- und Arbeitsumfeld verwendet. Rokni Haerizadeh studiert in Teheran Malerei und Persische Literatur. In dieser Tradition verwurzelt, überarbeitet er Bilder aus der aktuellen Nachrichtenberichterstattung, indem er durch Übermalungen vorhandene Geschichten auslöscht. Ramin Haerizadeh verbindet in seiner künstlerischen Praxis auf Fotos basierende Selbstporträts mit gefundenen Materialien, die oftmals das durch die Leinwand vorgegebene Format seiner Bilder sprengen. Früh beginnt er, ein Archiv mit Fotomaterial aus der Zeit vor und nach der Iranischen Revolution (1978/79) anzulegen, das sich aus privaten wie öffentlichen Inhalten – etwa Anzeigen für religiöse und politische Kampagnen – zusammensetzt. Im Jahr 2002 führen die drei Künstler beim Environmental Art Festival im iranischen Gebirgsort Polur eine erste spontane gemeinschaftliche Performance durch. Doch erst 2009 finden sie sich im Exil zu einer Gruppe zusammen und beziehen ein Haus in Dubai.

Dieses Haus wird der räumliche Mittelpunkt der Zusammenarbeit des Trios. Hier leben und arbeiten sie und entwickeln eine kollektive künstlerische Praxis – doch arbeitet auch ein jeder für sich. Verbindliche Regeln gibt es nicht, zudem verzichten die Künstler darauf, sich einen Namen oder ein Label zu geben. Sie beginnen, eine eigene Sammlung von Kunstwerken und Nippesobjekten aufzubauen, die sie oftmals in ihre Arbeiten einfließen lassen; so entstehen Filme, Objekte, Installationen und Ausstellungen. Der Austausch und die Zusammenarbeit auch mit anderen werden zum elementaren Teil ihres Vorgehens. 2012 haben sie ihre erste gemeinsame Ausstellung *I Put It There You Name It* in der Gallery Isabelle van den Eynde in Dubai. Im selben Jahr beginnen sie mit ihrer ersten kollektiven Performance, *The Maids*. Die hier entwickelten Strategien und Elemente ziehen sich durch ihr Schaffen der nächsten Jahre. Kostüme, Rollenspiel und die Untersuchung von Machtstrukturen sind wiederkehrende Aspekte in ihrer Arbeit. Ihre raumgreifenden Installationen sind nicht statisch oder abgeschlossen, sondern prozesshaft angelegt und enthalten auch außerhalb gewonnene Erfahrungen und Anregungen.

Im Jahr 2015 folgt die erste große Ausstellung in Europa: *Slice A Slanted Arc Into Dry Paper Sky* in der Kunsthalle Zürich. Parallel erscheint bei Mousse Publishing in Mailand eine erste Publikation zu ihrem Werk. Noch im selben Jahr stellen sie auch in der Rodeo Gallery in Istanbul, im Den Frie Centre of Contemporary Art in Kopenhagen und im Institute of Contemporary Art (ICA) in Boston aus. Sie erhalten den Han Nefkens Foundation MACBA Award for Contemporary Art. Daran schließt sich 2017 eine große Soloschau im Museu d'Art Contemporani de Barcelona (MACBA) an. Im Frye Art Museum in Seattle findet 2019 die Ausstellung *The Rain Doesn't Know Friends From Foes: Ramin Haerizadeh Rokni Haerizadeh Hesam Rahmanian* statt.

In diesen Jahren erhält das Trio auch zahlreiche Einladungen zu Gruppenausstellungen und Biennalen zeitgenössischer Kunst weltweit. 2015 sind sie bei der 8. Asia Pacific Triennial of Contemporary Art in Brisbane vertreten, 2016 bei der 9. Liverpool Biennial of Contemporary Art. Es folgen Ausstellungsbeteiligungen in Warschau, Abu Dhabi und Zürich sowie 2017 an *Rock, Paper, Scissors: Positions in Play* im Länderpavillon der Vereinigten Arabischen Emirate auf der 57. Biennale di Venezia. 2019 nehmen sie an *The Warmth of Other Suns* teil, einer von der Phillips Collection in Washington, DC in Kooperation mit dem New Museum, New York organisierten Schau, wie auch an der Themenausstellung *Homeless Souls* im Louisiana Museum of Modern Art, Humlebæk. Sie zeigen Installationen auf der Toronto Biennial of Art (2019) und der Biennale of Sydney (2020). Neben der eigenen Ausstellungstätigkeit kuratiert und konzipiert das Kollektiv zahlreiche Ausstellungen von Künstlerkolleginnen und -kollegen.

Ramin Haerizadeh (* 1975, Tehran), Rokni Haerizadeh (* 1978, Tehran) and Hesam Rahmanian (* 1980, Knoxville, Tennessee) met each other in Tehran in the mid-1990s. The three of them shared an interest in Western pop culture, which they assimilated by means of VHS cassettes with labels from MTV and VIVA Polska that were sold illegally in Iran. Hesam Rahmanian completed studies of calligraphy and visual art, first in Tehran, and then in the United States. He paints and produces assemblages in which he makes use of diverse found objects that may or may not be functional anymore and are very specific to the place in which he works and lives. Rokni Haerizadeh studied painting and Persian literature in Tehran. Rooted in this tradition he reworks pictures from current news reports by obliterating the faces in them by means of overpainting. In his artistic practice Ramin Haerizadeh combines self-portraits based on photos with found materials that often burst through the format of his pictures that is dictated by the canvas. At an early point in time he began compiling an archive with photo material from before and after the time of the Iranian Revolution (1978–79) with content of both private and public nature—for instance, advertisements for religious and political campaigns. In 2002 the three artists did a first spontaneous, collaborative performance at the Environmental Art Festival in the Iranian mountain village of Polur, but they first formed a group while in exile in 2009 and moved into a house in Dubai.

This house became the epicenter of the trio's collaboration. They live and work there and develop their collective practice—while at the same time everyone also works individually. There are no binding rules, nor have the artists given themselves a name or a label. They began assembling a collection of artworks and knick-knack objects that frequently influences their works, thus giving rise to films, objects, installations, and exhibitions. Their exchange and collaboration with other artists have become a fundamental part of their approach.

The trio had their first joint exhibition, *I Put It There You Name It*, at the Gallery Isabelle van den Eynde in Dubai in 2012. That same year they began working on their first collective performance, *The Maids*. The strategies and elements developed in it permeated their work in the years that followed. Costumes, role-play, and the examination of power structures are recurring aspects in their work. Their extensive installations are not static or self-contained, but are instead process-oriented and also encompass experiences and inspirations obtained outside the group.

Their first large exhibition in Europe, *Slice A Slanted Arc Into Dry Paper Sky*, followed at the Kunsthalle Zürich in 2015. In parallel a first book on their oeuvre was published by Mousse Publishing in Milan. They also exhibited at the Rodeo Gallery in Istanbul, Den Frie Centre of Contemporary Art in Copenhagen, and the Institute of Contemporary Art (ICA) in Boston the same year. They were awarded the Han Nefkens Foundation–MACBA Award for Contemporary Art, which was accompanied by an extensive solo exhibition at the Museu d'Art Contemporani de Barcelona (MACBA) in 2017. The exhibition *The Rain Doesn't Know Friends From Foes: Ramin Haerizadeh Rokni Haerizadeh Hesam Rahmanian* took place at the Frye Art Museum in Seattle in 2019.

During these years the trio also received numerous invitations to participate in group exhibitions and contemporary art biennials around the world. In 2015 they were represented at the 8th Asia Pacific Triennial of Contemporary Art in Brisbane, and, in 2016, at the 9th Liverpool Biennial of Contemporary Art. Participation in exhibitions in Warsaw, Abu Dhabi, and Zurich followed as well as in *Rock, Paper, Scissors: Positions in Play* in the national pavilion of the United Arab Emirates at the 57th Venice Biennale in 2017. In 2019 they took part in *The Warmth of Other Suns*, a show organized by the Phillips Collection in Washington, DC, in cooperation with the New Museum, New York, and in the thematic exhibition *Homeless Souls* at the Louisiana Museum of Modern Art, Humlebæk. They have also presented installations at the Toronto Biennial of Art (2019) and the Biennale of Sydney (2020). In addition to their own exhibition activities, the collective also curates and conceives numerous exhibitions by artist colleagues.

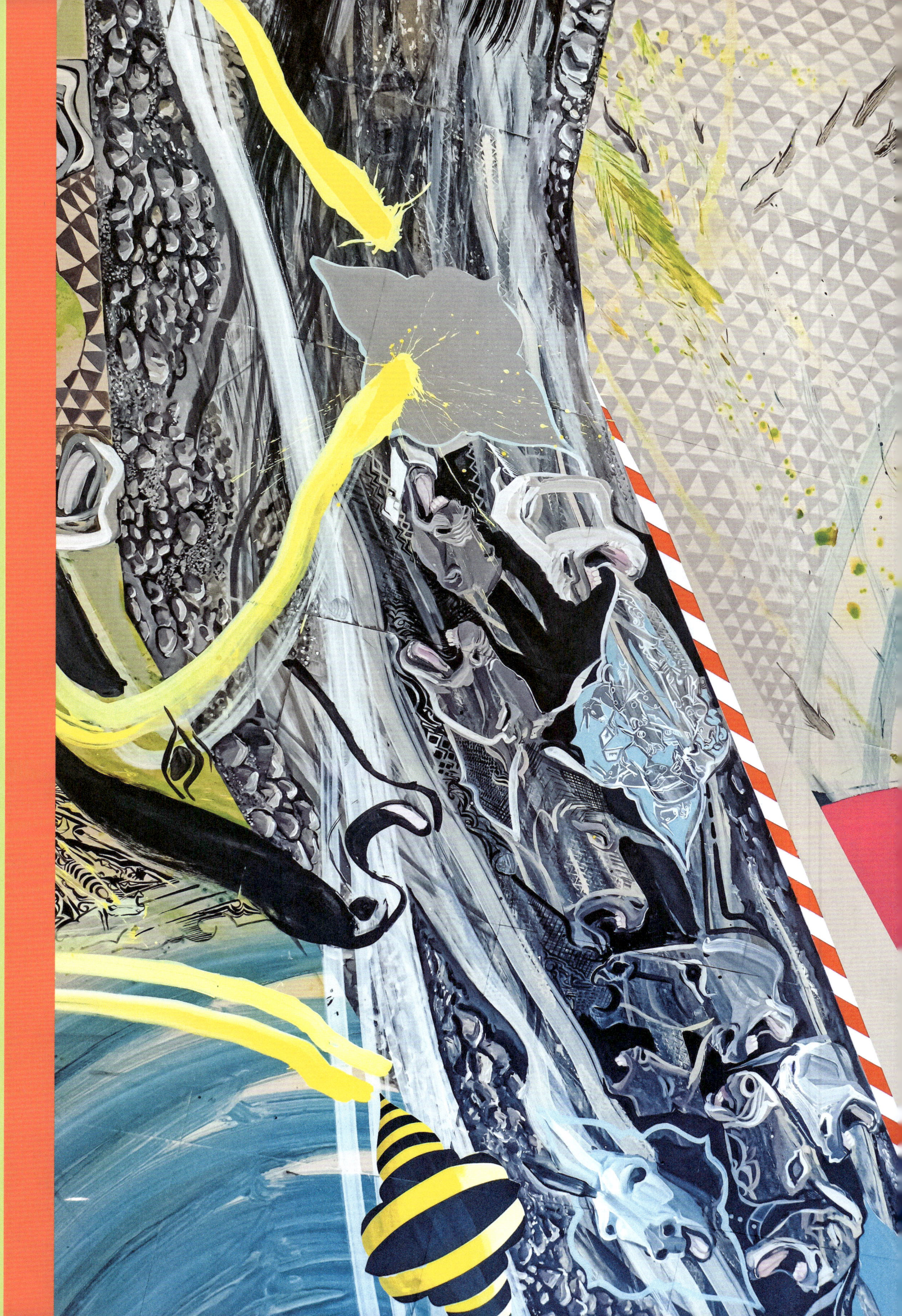

Werkliste
List of Works

Alluvium, March–June 2020, 2020
Acryl, Gesso, Tusche, Aquarell, Bleistift, Gouache, Collage auf Tontellern und Eisen, Satz von 20 Tellern / Acrylic, gesso, ink, watercolor, pencil, gouache, collage on clay plates and iron, set of 20 plates
125 × 106 × 36 cm

Alluvium, March–June 2020, 2020
Acryl, Gesso, Tusche, Aquarell, Bleistift, Gouache, Collage und Acrylversiegelung auf Tontellern und Eisen, Satz von 16 Tellern / Acrylic, gesso, ink, watercolor, pencil, gouache, collage and acrylic sealer on clay plates and iron, set of 16 plates
159 × 85 × 97 cm

My Son, My Crown, 2020
Gefundenes Bildmaterial, auf Seide gedruckt / Print of a found footage on silk
540 × 404 cm

O You People!, 2020
Acryl, Gips und Epoxid auf wasserfesten MDF-Platten / Acrylic, gesso and epoxy on waterproof MDF panels
1600 × 1700 cm

Suggestion: What If We Build Our Own Country, Drinking the Donkey's Milk, Rather Than the Wolf's?, 2020
Mit / with **Hoda Tawakol**
Eisenstruktur, Gewebe, Styropor, Nylon, Faden und Wattierung / Iron structure, fabric, Styrofoam, nylon, thread, and wadding
350 × 444 × 360 cm

Suggestion: What If We Build Our Own Country, Drinking the Donkey's Milk, Rather Than the Wolf's?, 2020
Mit / with **Hoda Tawakol**
Eisenstruktur, Gewebe, Styropor, Nylon, Faden und Wattierung / Iron structure, fabric, Styrofoam, nylon, thread, and wadding
350 × 444 × 360 cm

Memories Well Up from the Heart and Draw a Curtain on the Eye, 2019
Mit / with **Homa Farley, Vivekananthan, Raees Nahim-mulla** und / and **Shaikh Asgarali**
Porzellan, Kupfer, Eisen, Kunststoff und Motor / Porcelain, copper, iron, plastic and motor
165 × 244 × 42,5 cm

Dance After the Revolution, 2020
Einkanal-Video, Ton / Single-channel video, sound
Dauer / length: tbd
Courtesy of the artists and Gallery Isabelle van den Eynde, Dubai

From March to April . . . 2020, 2020
Einkanal-Farbvideo, Ton / Single-channel color video, sound
7:46 Min.
Courtesy of the artists and Gallery Isabelle van den Eynde, Dubai

If I Had Two Paths I Would Choose the Third, 2020
Einkanal-Farbvideo (Rotoskopie), ohne Ton / Single-channel color video (rotoscopy), no sound
Dauer / length: tbd
Courtesy of the artists and Gallery Isabelle van den Eynde, Dubai

From Sea to Dawn, 2016/17
Einkanal-Farbvideo (Rotoskopie), ohne Ton / Single-channel color video (rotoscopy), no sound
6:21 Min.
Edition of 7 (+3 AP)
Courtesy of the artists and Gallery Isabelle van den Eynde, Dubai

We Are the Eighth of a Kind, 2014
Robert Rauschenberg Residency, Captiva Island, Florida
Mit / with **Lonnie Holley**
Einkanal-Farbvideo, Ton / Single-channel color video, sound
17:41 Min.
Courtesy of the artists and Gallery Isabelle van den Eynde, Dubai

Wenn nicht anders vermerkt / Unless stated otherwise:

2020, Courtesy die Künstler und Galerie Isabelle van den Eynde, Dubai, produziert und realisiert von Schirn Kunsthalle Frankfurt

2020, Courtesy of the artists and Gallery Isabelle van den Eynde, Dubai, commissioned by Schirn Kunsthalle Frankfurt

Impressum
Colophon

Dieser Katalog erscheint anlässlich der Ausstellung / This catalogue is published in conjunction with the exhibition

Ramin Haerizadeh, Rokni Haerizadeh und Hesam Rahmanian. Either he's dead, or my watch has stopped. Groucho Marx (while getting the patient's pulse)

Schirn Kunsthalle Frankfurt
3. September – 13. Dezember 2020 /
September 3 – December 13, 2020

Herausgeberin / Editor
Martina Weinhart

Redaktion / Editing
Martina Weinhart, Rebecca Herlemann

Publikationsmanagement Schirn /
Publication Management Schirn
Antonia Lagemann, Anuschka Berthelius

Lektorat / Copyediting
Uta Hasekamp (Deutsch / German)
Tas Skorupa (Englisch / English)

Übersetzung / Translation
Amy Klement
(Deutsch–Englisch / German–English)
Ursula Fethke
(Englisch–Deutsch / English–German)

Gestaltung / Design
Felix Kosok

Lithografie / Image Editing
max-color, Berlin

Produktion / Production Management
DISTANZ Verlag

Gesamtherstellung / Printing and Binding
medialis Offsetdruck GmbH, Berlin

© 2020 die Künstlerinnen und Künstler / the artists, die Autorinnen und Autoren / the authors, Schirn Kunsthalle Frankfurt; DISTANZ Verlag GmbH, Berlin

© Lonnie Holley / VG Bild-Kunst, Bonn 2020

Die Geltendmachung der Ansprüche gem. § 60h UrhG für die Wiedergabe von Abbildungen der Exponate/Bestandswerke erfolgt durch die VG Bild-Kunst. / The assertion of all claims according to article 60h UrhG (Copyright Act) for the reproduction of exhibition/collection objects is carried out by VG Bild-Kunst.

Vertrieb / Distribution
edel Germany GmbH
www.edel.com
international-books@edel.com

Erschienen im / Published by
DISTANZ Verlag
www.distanz.de
ISBN 978-3-95476-333-7
Printed in Germany

Umschlagabbildung / Cover illustration
O You People!, 2020 (Detail / detail)

Abbildungen / Illustrations
S. / p. 1 Dastgah Out of the Boat [OB] /
The *dastgāh* Out of the Boat [OB]
S. / p. 4 *Alluvium, March–June 2020*, 2020 (Detail / detail)
S. / pp. 6/7, 10/11, 14/15, 31, 36/37, 42, 45, 49, 56–60 *O You People!*, 2020 (Details / details)

Fotonachweis / Photo credits
© 2020 Museum of Fine Arts, Boston, S. / p. 22 (Abb. / fig. 13)
ANGELOS TZORTZINIS/AFP via Getty Images, S. / p. 22 (Abb. / fig. 14)
Bahman Mohassess Estate, S. / p. 20 (Abb. / fig. 7)
Bluegreen Pictures / Alamy Stock Photo, Foto / photo: David Shale, S. / p. 19 (Abb. / fig. 4)
commons.wikimedia.org, Fotos / photos: Kristoffer Trolle, S. / p. 20 (Abb. / fig. 6); Ninaras, S. / p. 19 (Abb. / fig. 3); Sr3207, S. / p. 25 (Abb. / fig. 17); The Modernism Lab at Yale University, S. / p. 20 (Abb. / fig. 8)
Courtesy of Gallery Isabelle van den Eynde and the artists, S. / pp. 1, 6/7, 10/11, 14/15, 19 (Abb. / figs. 1, 2, 5), 20 (Abb. / figs. 9–11), 22 (Abb. / figs. 12, 15), 25 (Abb. / figs. 18–21), 28 (Abb. / figs. 28–29), 31, 36/37, 40–42, 44–49, 56–60; Fotos / photos: April Morais, S. / pp. 4, 39, 51–55
Hoda Tawakol, Ramin Haerizadeh, Rokni Haerizadeh, Hesam Rahmanian, S. / p. 27 (Abb. / figs. 22–25)
Mohammad Khordadian, S. / p. 43
Youtube.com, roozi111, S. / p. 38

Ausstellung / Exhibition
Schirn Kunsthalle Frankfurt

Direktor / Director
Philipp Demandt

Stellvertretende Direktorin & Ausstellungsleitung /
Deputy Director & Head of Exhibitions
Esther Schlicht

Kuratorin / Curator
Martina Weinhart

Kuratorische Assistenz /
Curatorial Assistant
Rebecca Herlemann

Organisation / Registrars
Karin Grüning, Elke Walter, Luise Leyer

Leitung Hängeteam /
Supervision of Installation Crew
Andreas Gundermann

Restaurierung / Conservator
Susanne Silbernagel

Technische Leitung / Technical Services
Christian Teltz, Oliver Taschke

Ausstellungsgrafik / Exhibition Design
Felix Kosok, Anna Ranches

Presse / Press
Johanna Pulz, Julia Bastian, Elisabeth Pallentin, Isabelle Hammer

Schirn Magazin / Schirn Magazine
Antonia Lagemann, Anuschka Berthelius

Marketing
Luise Bachmann, Heike Stumpf, Isabel Reiche, Elena Schmidt

Sponsoring
Julia Lange, Hannah Ruiz

Pädagogik / Education
Chantal Eschenfelder, Simone Boscheinen, Laura Heeg, Olga Schaetz, Anna Haag

Veranstaltungen & Besuchermanagement /
Events & Visitor Management
Ute Seiffert, Lena Sobczinski

Verwaltung / Administration
Heike Berndt, Tanja Mayer,
Boris Deckelmann

Assistenz Ausstellungsleitung /
Assistant Head of Exhibitions
Anna Noll

Assistenz Direktion /
Assistant to the Director
Andrea Canthal

Leitung Gebäudereinigung /
Cleaning Supervision
Rosaria La Tona

Empfang / Reception
Bettina Beyermann, Vilizara
Antalavicheva, Josef Härig

VEREIN DER FREUNDE DER SCHIRN KUNSTHALLE E. V. / FRIENDS OF THE SCHIRN KUNSTHALLE E. V.

Vorstand / Executive Board
Christian Strenger
(Vorsitzender / Chairman)
Antje Conzelmann
Philipp Demandt
Hartmuth Jung
Sylvia von Metzler
Shahpar Oschmann
Ulrike von der Recke

Kuratorium / Board of Trustees
Rolf-E. Breuer (Vorsitzender / Chairman)
Uwe Bicker
Clemens Börsig
Andreas Dombret
Armin von Falkenhayn
Diego Fernández-Reumann
Jürgen Fitschen
Peter Gatzemeier
Joachim Häger
Helmut Häuser
Elisabeth Haindl
Gerhard Hess
Marli Hoppe-Ritter
Gisela von Klot-Heydenfeldt
Jessica Köhler
Salomon Korn
Renate Küchler
Jörg Kukies
Simone Menne
Andreas Muschter
Lutz R. Raettig
Tobias Rehberger
Horst Reinhardt
Michael Riedel
Petra Roth
Florian Schilling
Martin Scholich
Willi Schoppen
Doris Maria Schuster
Nikolaus Schweickart
Wolf Singer
Claudia Steigenberger
Bettina Volkens
Eberhard Weiershäuser
Susanne Zeidler
Matthias Zieschang

Schirn Zeitgenossen /
Schirn Contemporaries
Jan Bauer und/and Lena Wallenhorst
Oliver und/and Nicole Behrens
Olaf Gerber und/and Nicole Emmerling de Oliveira
Markus Hammer und/and Birgit Heller
Hartmuth und/and Lilia Jung
Shahpar Oschmann
Björn und/and Kim Robens
Jörg Rockenhäuser und/and Vasiliki Basia
Reiner Sachs und/and Brigitta Bailly
Julia Schönbohm und/and Ralf Böckle

Fördernde Firmenmitglieder / Corporate Members
Deutsche Bank AG
Deutsche Beteiligungs AG
Deutsche Börse AG
DWS Investments GmbH
Europäische Zentralbank
Fraport AG
Gemeinnützige Hertie-Stiftung
Landwirtschaftliche Rentenbank
Lufthansa Group
Morgan Stanley Bank AG
Nomura Bank (Deutschland) GmbH
ODDO BHF AG
UBS Europe SE
Verianos AG

Geschäftsführung / Management
Tamara Fürstin von Clary

PARTNER / PARTNERS

Corporate Partner der Schirn Kunsthalle Frankfurt / Corporate Partners of the Schirn Kunsthalle Frankfurt

Bank of America
Bloomberg L.P.
Commerz Real AG
HEUSSEN Rechtsanwaltsgesellschaft mbH
Le Méridien Frankfurt
Messe Frankfurt GmbH
Oliver Wyman GmbH
PPI AG
PwC

Partner der Schirn Kunsthalle Frankfurt, des Städel Museums und der Liebieghaus Skulpturensammlung / Partners of the Schirn Kunsthalle Frankfurt, the Städel Museum, and the Liebieghaus Skulpturensammlung

Allianz Global Investors
Fraport AG
Samsung Electronics

Kulturpartner / Cultural Partner

hr2-kultur

Die Künstler danken /
The artists would like to thank:

Myrna Ayad, Daniel Baumann, Jean-Marc Decrop, Arnaud Rivieren, Emmanuelle Sawko, Pirouz Taji, Elizabeth Yoon und / and Jimmy Lee